문학과지성 시인선 370

그녀가 처음,
느끼기 시작했다

김민정 시집

문학과지성사

문학과지성사에서 펴낸 김민정의 시집

너의 거기는 작고 나의 여기는 커서 우리들은 헤어지는 중입니다(2019)

문학과지성 시인선 370
그녀가 처음, 느끼기 시작했다

초판 1쇄 발행 2009년 12월 10일
초판 11쇄 발행 2025년 5월 26일

지 은 이 김민정
펴 낸 이 이광호
펴 낸 곳 ㈜문학과지성사
등록번호 제1993-000098호
주   소 04034 서울 마포구 잔다리로7길 18(서교동 377-20)
전   화 02)338-7224
팩   스 02)323-4180(편집) 02)338-7221(영업)
전자우편 moonji@moonji.com
홈페이지 www.moonji.com

ⓒ 김민정, 2009. Printed in Seoul, Korea

ISBN 978-89-320-2020-4 03810

이 책의 판권은 지은이와 ㈜문학과지성사에 있습니다.
양측의 서면 동의 없는 무단 전재 및 복제를 금합니다.

지은이는 2008년 한국문화예술위원회가 지원한 창작지원금을 수혜했습니다.

문학과지성 시인선 370
그녀가 처음, 느끼기 시작했다

김민정

2009

시인의 말

서른네 해째
나라는 콩깍지를 뒤집어쓰고 있는
부모님아,
사랑도 다정도 병이라니깐요.

눈물겨운 두 분께
두번째 시집을 바칩니다.

2009년 12월
김민정

그녀가 처음, 느끼기 시작했다

차례

시인의 말

제1부 작은 사건들
김정미도 아닌데 '시방' 이건 너무하잖아요   9
사정이야 어찌 되었든   10
미혼과 마흔   12
소녀닷컴   14
민정엄마 학이엄마   15
참견쟁이 명수들   16
별의별   19
화두냐 화투냐   20
잘 알지도 못하면서   21
고비라는 이름의 고비   22
철두철미한 질문   24
쪽파   25
陰毛라는 이름의 陰謀   26
결국, 에는 愛   28
아내라는 이름의 아, 네   30
제 이름은 야한입니다   32

제2부 우물우물

마치……처럼　37
오빠라는 이름의 오바　38
빨강에 고하다　40
솔직해집시다　42
젖이라는 이름의 좆　44
삼차원의 커플 女　46
삼차원의 커플 男　47
페니스라는 이름의 페이스　48
나비중독자　50
남편이라는 이름의 남의 편　52
뜻하는 돌　54
벙어리……장갑　55
피날레　56
숲에서 일어난 일　58
카드 쓸 때는 방해하지 마세요　59

제3부 신은 각주에

늘 그런 공식　63
복수라는 이름의 악수　64
그림과 그림자　66
강박은 광박처럼,　68
그녀의 동물은 질겨　70
나미가 나비를 부를 때　74
할머니, 사내들, 그의 아내, 그리고 그녀의 딸　76

똥꼬 베이비 79
언니라는 이름의 언짢음 80
선우일란, 빵의 비밀 82
일요일은 참으세요 84
흔해빠진 레퍼토리 86
왕십리, 그 밤 88
끝이라는 이름의 끗 90

제4부 뛰는 여자 위에 나는 詩

그녀가 처음, 느끼기 시작했다 95
피해라는 이름의 해피 96
어느 날 가리노래방을 지날 때 98
정현종탁구교실 100
뛰는 여자 위에 나는 詩 102
예상 밖의 효과 105
한밤의 숨바꼭질 106
콜! 107
시라는 이름의 시답지 않음 108
시는 그래, 그렇게나 기똥찬 것 109
시, 시, 비, 비 110
詩가 밥 먹여주다 111
어떤 절망 112
이상은 김유정 114
플로렌스 그리피스 조이너 115

해설 | 공백의 안무 · 김인환 116

제1부
작은 사건들

김정미도 아닌데 '시방' 이건 너무 하잖아요*

1항, 2항, 3항 그렇게 10항까지 써나간 수학 선생님이 점 딱 찍고 '시방'이라 발음하는데 웃겼어요. 왜? 여고생이니까. 고향이 충청도라는 거? 몰랐어요. 허리 디스크 수술이요? 제가 왜 무시를 해요, 마누라도 아닌데. 다시는 '시방' 때문에 웃지 않겠습니다. 칠판 앞에 서서 반성문을 읽어나가는데 뭐시냐 또 웃기지 뭐예요. 풋 하고 터지는 웃음에 다닥다닥 잰걸음으로 바삐 오시는 선생님, 부디 서둘지 마세요 했거늘 저만치 앞서 밀려나간 슬리퍼를 어쩌면 좋아요. 좀 빨기라도 하시지 얻어맞아 부어오른 볼때기에 발냄새가 밸까 때 타월로 문지르니 그게 볼터치라 했고, 내 화장의 역사는 그로부터 비롯하게 된 거랍니다.

*「이건 너무 하잖아요」, 1974년 김정미가 발표한 노래.

사정이야 어찌 되었든

처음 극장이란 델 가서 본 영화가 「개 같은 내 인생」이었다 하필 그랬다 중학교 1학년을 단체 관람 시킨 도덕 선생님은 전교조였다 하필 그랬다 한 번 봤으면 됐지 싶을 영화를 보고 또 보러 다니는 사이 선생님은 이미자도 아니면서 섬마을 선생님으로 불려 갔다 하필 그랬다 광화문역 교보문고 입구 옆에서 한 남자가 복제판 디브이디를 늘어놓고 파는데 근 20년 만에 그 영화도 있었다 하필 그랬다 침대에 벌렁 누워 영화나 보는데 어디선가 울리는 휴대폰 벨소리……김민정 씨……나 신현정이올시다……김민정 씨……우리 개가 아랫집 개를 물어 죽이고 어디로 내뺐다는데……그 집 연놈들이 씩씩거리며 문 차고 들어와서는 날 아주 잡도리하듯 그거이 참……개를 찾아 개보고 나보고 사과를 하러 오라지 않수……이 비에 그니까 비가 와 개새끼가 미쳤나……생돈 십만 원 물어주고 내 속이 쓰려 술 한잔했시다……김민정 씨……미안합니다……근데 이 미친놈의 개새끼는 어디 가 숨었을까요……비가 컴컴하니 이렇게 억수

인데…… 며칠 지나 시인 지망생 후배 몇이 보신 약속을 잊었느냐 해서 불광동 개고기집엘 끌려갔다 하필 그랬다 뜨거운 국물을 후후 불어 마시는 한 남자의 목에 걸린 금줄에서 땀이 뚝뚝 떨어질 때, 내가 핥고 있는 소프트아이스크림에서 단물이 뚝뚝 떨어질 때, 맞은편 굳게 철문 내린 치킨집 앞에 멀뚱하게 선 개 한 마리 이리 올까 말까 살랑살랑 꼬리 흔드는데 이 간격의 팽팽한 시위 아래 매미 한 마리 툭 떨어져 잠시 울음소리 고요도 하였다 하필 그랬다

* 2009년 10월 16일 금요일 오전 1시 20분 시인께서 별세했다. 시로 달라지는 건 없다. 신현정이라는 이름 앞에 '故' 하나 붙일밖에.

미혼과 마흔

학익동이요 했는데 택시에서 내리고 보니 끽동 길 한복판이었다 쉽게 불러요 쉽게 부르지 그렇게 불려온 40여 년 동안 어둠 깜깜할수록 빨강으로 더 환해지던 옐로 하우스의 안마당, 입대 전날 아빠의 동정도 머뭇거리다 여기 와 묻혔다는데 지금이라도 캐갈 수 있을까요? 돌아봤다 돌이 된 엄마가 돌아보지 마 신신당부했거늘 떨어뜨린 문학개론 주우려다 눈이 마주친 끽동 언니는 하이힐 끝으로 책장 위에 올라선 채 이렇게 말했다 뭘 째려 이 쌍년아, 너도 인하대 나가요지? 길 하나를 맞각으로 캠퍼스 저 푸른 잔디를 담요 삼아 끽동 언니들은 짝짝 껌을 씹어가며 딱딱 화투장을 쳐댔고 그러다 간질거려 죽을 지경이면 뒷물 세숫대야를 들고 나와 지나가던 여대생들을 향해 뿌려대곤 하였다 쟤들이 젤로 재수 없어 퉤, 침 뱉었지만 물 마르기 전에 물 뿌리기 바쁜 끽동 언니들의 목마름이란 그 가래도 아까워라 자갈처럼 나날이 입 다물어야 했는데 세라복을 입은 채 놀다가, 웬 사람의 팔을 잡아끌 때 그 땀방울도 아껴라 잠시도

장독대처럼 일어날 줄 몰랐는데 어느 날 끽동이요 했는데 택시에서 내리고 보니 학익동 새 아파트 단지였다 신호등 좀 건너다녔을 뿐인데 말이다

소녀닷컴

소녀다
웨이브 펌이지만
싸구려 가발이다
소녀다
화장이 진하지만
곤두선 솜털이다
소녀다
가슴이 왕이지만
오그라든 어깨다
소녀다
초미니스커트를 입었지만
허벅지에 신신파스다
소녀다
아니면 말고

민정엄마 학이엄마

방 아랫목에 여자 둘이다
웃는데, 서로의 등짝을 때려가면서다
30분 거리 슈퍼에 가 투게더 한 통을 사서는
아이스크림에 숟가락 3개 꽂아올 때까지
웃는데, 서로의 허벅다리를 꼬집어가면서다
순간 나 터졌어 하며 일어서는 여자 아래
콧물인 줄 알고 문질렀을 때의 코피 같은 피다
너 아직도 하냐? 징글징글도 하다 야
한 여자가 흰 양말을 벗어 쓱쓱 방바닥을 닦으며
웃는데, 피 묻은 두 짝의 그것을 돌돌 말아가면서다
친구다

참견쟁이 명수들

지신밟기의 명수, 선배들
훌쩍 웃자란 키 때문에 소프라노가 되었지만 하얀 내 실내화 앞코를 피아노 페달인 양 밟아대던 선배들의 까만 깔창들, 더는 박자 맞추기 싫증났을 때 이렇게 냄새 풍겼지 메, 메조라고? 에이 난 또 메주라고!

플뢰레의 명수, 음악 선생
합창은 계속되고 어이 하나 인당수는 철도 없이 철썩대는데 불쌍한 심청의 심정이야 솔직히 내 알 바 아니라서 벙어리 시늉인 건데 순간 입속을 쑤시고 들어오는 모나미 볼펜 아? 물어 악!

재 뿌리기의 명수, 합창단원들
합창은 계속되고 반주를 시작하려는데 인천시민회관 조명 아래 엄마, 신여성도 아닌데 흰 양말에 까만 구두는 단정이 아니잖아 쥐가 난 손가락으로 달랑 파, 한 번 눌러보곤 무대에서 질질 끌려 내려올 때 쟤는 우는 것도 졸라 재수 없어 날아드는 악보들!

치사뽕의 명수, 교장 수녀
합창은 계속되고 립싱크 말고 재주라곤 상 받는 거라 뛰어 올라간 단상에서 이름표는? 가방 속에요…… 네 이름은? 민정…… 네 본명은? 김민정이요…… 본명도 모르는데 무슨 모범이 되겠어 효임 골룸바 당장 내려가 네 이름을 새겨 오렴 그 덕에 돌돌 말려 몽둥이가 된 우승 상장!

자격지심의 명수, 노래방 도우미
합창은 계속되고 지하 곰노래방에서 넌 그렇게 살지 마 노래할 때 참 나 창 너머로 내가 언제 갈보라고 했냐고요 고음 처리하기도 바빠 죽겠는데 술에 전 그 아까운 새우깡을 청소나 할까 내 입속에 던져 넣기 바쁜 당신들이야말로 진정 날 깔보지!

보청기 수집의 명수, 나
합창은 계속되고 자나 깨나 귀만 후벼대다 귓밥 파

기의 명수가 된 나, 독일 지멘스社의 신형 디지털 보청기 맞추러 가다 말다 서보니 어느덧 서른넷, 그러고 보면 명수들은 정말이지 타이어드 해!

별의별

 오줌이 마려워 절로 눈을 뜨는 아침입니다 어제 나는 똥을 참았습니다 나를 미워하는 그녀가 나를 사랑하는 그이처럼 문틈 너머 엿보고 있었기 때문입니다 가벼운 노크가 두어 번 반복될 적마다 그녀의 향수가 두어 번 코를 쳤습니다 냄새를 들키면 평생을 져야 합니다 작별의 키스 직전 it's time, 이도 실은 이를 닦기 위해서였다나요 똥을 밀어 올리고 오줌을 끌어내리는 수축과 팽창의 피스톤 놀이 속에 별의 안부는 바야흐로 산란기였습니다 어린 날 나를 때린 한 소년의 눈에서 별이 사라질 때, 얻어맞은 내 눈에서 무지개떡 색동으로 그 별이 와 빛날 때, 별 본 일 없음보다 별 본 일 있음으로 나는 위풍당당 행진곡에 홀로 발맞출 수 있었습니다 가끔씩 출근길에 넘어져 지각 대신 푸른 멍을 연유 삼는 이유, 그거야 뭐 이따금씩 문어발 식 댄스가 땅길 때도 있는 거니까요 오줌을 누고 밑을 닦은 휴지에 빨간 고춧가루 한 점 하마터면 별인가, 콕 집을 만큼 반짝거렸습니다 변비에는 역시 비코그린보다 알알이 다시마 환이 최고라는 생각입니다

화두냐 화투냐

눈이 먼 뒤에도 할머니, 손에서 화투장을 놓지 않으시다 자거나 먹거나 쌀 때면 살짝 꼭 쥔 주먹이시고 보통은 가부좌를 틀고 패를 쫙 펼친 채 살짝 꼭 졸고 계시다 어디 어디 보자 그렇게나 뒤집혀 내게로만 빤한 패라지만 할머니, 이매조냐 풍이냐 임이 곧 근심이거늘 할머니, 흑싸리냐 빨간 싸리냐 죽음이 곧 천복이거늘 숨이 멎은 뒤에도 할머니, 끝끝내 손에서 화투장을 놓지 않으시다

잘 알지도 못하면서

광어를 회 뜨다 손을 떠버린 엄마
응급실로 데려가 침대에 누이는데
담당 의사 이름이 글쎄 '김근'이시다
어머, 뿌리 근을 쓰시나요?
성함이 제가 아는 분이랑 같아서요
그는 바느질로 바빴다
시인 중에 있거든요, 金根이라고……
바느질로 바쁜 그는 아무 말 없었고
그런 말이 있었다,
비호감이라고

고비라는 이름의 고비

고비에 다녀와 시인 C는 시집 한 권을 썼다 했다 고비에 다녀와 시인 K는 산문집 한 권을 썼다 했다 고비에 안 다녀와 뭣 하나 못 읽는 엄마는 곱이곱이 고비나물이나 더 볶게 더 뜯자나 하시고 고비에 안 다녀와 뭣 하나 못 쓰는 나는 곱이곱이 자린고비나 떠올리다 시방 굴비나 사러 가는 길이다 난데없는 고비라니 너나없이 고비라니, 너나없이 고비는 잘 알겠는데 난데없는 고비는 내 알 바 아니어서 나는 밥숟갈 위에 고비나물이나 둘둘 말아 얹어 드리는데 왜 꼭 게서만 그렇게 젓가락질이실까 자정 넘어 변기 속에 얼굴을 묻은 엄마가 까만 제 똥을 헤쳐 까무잡잡한 고비나물을 건져 올리더니 아나 이거 아나 내 입 딱 벌어지게 할 때 목에 걸린 가시는 잠도 없나 빛을 보자 빗이 되는 부지런함으로 엄마의 흰머리칼은 해도 해도 너무 자라 반 가르마로 땋아 내린 두 갈래 길이라는데 어디로 가야 하나 조금만, 조금만 더 필요한 위로는 정녕 위로 가야만 받을 수 있는 거라니 그렇다고 낙타를 타라는 건 상투의 극치, 모래바람은 안 불어주는 게 덜 식상하고 끝도 없는 사막은 안일의 끝장이니 해서 나는 이른 새벽부터 고래고래 노래나 따라 부르는 까닭이다 한 구절 한 고비, 엄마가 밤낮없이 송대관을 고집하는 이유인 즉슨이다

철두철미한 질문

선생님 결혼하실 거예요?

안 하시면 안 돼요?

제가 가끔 놀아드리는 걸로 모자라세요?

예쁜 애기를 꼭 둘씩이나 낳아야 해요?

그러니까 섹스가 좆나 하고 싶다, 이 말씀이세요?

초등학교 6학년 남자 어린이들

말 그대로 말해보다 말마따나 말,로 커지는

쪽파

 비가 내리는 날엔 쪽파를 다듬는다는 여인이 있어 나도 따라 까지 그러면 더할 수 없이 명랑한 슬픔에 빠지지 쪽파는 대파가 아니라서 나는 말을 가지고 놀지 쪽, 하면 아기 똥꼬는 한입 더 쫀쫀해지고 파, 하면 할머니 똥꼬는 한 주름 더 축 늘어져버리지 쪽파는 대파가 아니라서 나는 몸을 가지고 놀지 안 매운 쪽파 머리 있으면 매운 쪽파 다리 있고 썩은 쪽파 다리 있으면 싱싱한 쪽파 머리 있으니 예고대로라면 이번 장마는 쪽파 세 단으로 족할 테지 저기 우산대 짚은 꼬부랑 할머니 젖꼭지 물린 아기 업고 가는데 누군가 좆까라고 욕을 하지 그래서 까지 이렇게 비가 내리는 날엔 더할 수 없이 겸손한 분노로 그러니까 까라니까

陰毛라는 이름의 陰謀

　머리털 나 처음으로 돈 내고 다리 벌린 날, 소중한 당신산부인과에는 다행히 여의사만 둘이었다 어디 한번 볼까요? 자궁경부암 진단용 초음파 화면 가득 잘 익은 토마토의 속살이 비릿한 붉음으로 클로즈업되어 있었다 깨끗하네요, 그런데 자궁 모양이 좀 특이해요, 뾰족하다고나 할까 거웃 나 처음으로 내 아기집을 구경한 날, 어쩌다 뾰족한 자궁이 된 나는 콘헤드의 아이 하나 고깔 쓴 제 머리꼭지로 내 배를 콕콕 찌르는 상상만으로도 아 따가워 애라면 애초에 버르장머리를 싹둑 잘라버릴 참이었는데 제모 어떠세요? 내 아랫도리를 헤집다 말고 얼굴을 쳐든 여의사가 코끝까지 밀려 내려온 안경테를 추켜올리며 묻는 것이었다 레이저 기계 새로 들여 행사 중이에요, 겨드랑이 털과 패키지로 하세요, 휴가철인데 비키니 라인 신경 쓰셔야지요 머리털 나 처음으로 거창까지 상가에 조문 가는 날, 안성휴게소 화장실에 쪼그려 오줌을 누는데 문짝에 덕지덕지 이 많은 스티커는 누가 다 붙여놓은 것일까 **여성 희소식, 당신도 아름다워질 수**

있다! 여성 무모증 빈모증 수술하지 않고 완전 해결! 02-969-6688 마르크스도 이런 불평등은 미처 예상치 못했을 거다

결국, 에는 愛

 그 겨울 우리는 스페인의 바르셀로나에 머물렀고 달리의 그림을 보러 산츠에서 피게레스로, 달리의 그림을 보고 피게레스에서 산츠로 달리는 기차 위에 올라타 있었다 서로들 서로를 쳐다보는 데서 말 없었고 서로들 서로에게 말 거는 바 없는 데서 잠 많았으니 기차는 그렇게나 달렸고,

 정차한 역에서 꾸역꾸역 밀려든 사람들이 두리번거리며 화장실을 찾을 때 너나없이 oops! 외마디의 짧은 비명이란 출렁출렁 노란 오줌으로 흘러넘치는 변기를 향한 것이었는데 우리들의 언어는 제각각이었고 우리들의 눈동자는 더한 컬러풀이라 아무도 항의하지 않았고 아무도 말리지 못했으니 기차는 그렇게나 달렸고,

 정차한 역에서 한 흑인 남자와 백인 소녀 커플이 합류했을 때 어깨동무를 한 그들의 입에는 츄파춥스가 물려 있었고 연신 오물거렸는데 그 사탕 껍질을

디자인한 사람이 다름 아닌 달리라는 걸 알고는 있었을까 신문지를 깔았으나 궁둥이에 스며드는 오줌에도 끝끝내 열차 바닥에 앉아 어깨동무를 풀지 않는 백인 소녀의 가느다란 팔뚝에 지워져가는 멍처럼 흐릿하게 남아 있던 글자, 누가 새겨주었나 저 푸른 愛

아내라는 이름의 아, 네

택시 앞좌석에 타고 보니 맨발의 기사다
브레이크와 액셀러레이터를 번갈아 밟는데
열 발가락을 열 손가락처럼 꼬물댄다
아가씨, 이거 큰 소리로 한번 읽어봐
룸미러에 코팅된 종이 하나
양면 사진을 펜던트로 단 목걸이처럼
줄 길게 걸려 있다
휴대폰이나 만지작거리면서 딴청인데
기사가 내 팔을 툭툭 친다
아주 작은 손도끼다
순종하지 않는 년은 바로 죽인다
돌고 돌아 그년이 다 그년이다
나는 네미 씹할 왕자지다
아가씨, 뒷면도 한번 봐야지
산발한 파마머리의 한 여자 얼굴에
볼펜 심지만 한 구멍이 숭숭하다
내 아내야
아, 네

잡는 대로 내가 거기를 아예 째길 작정이야
아, 네
아주 짝 벌어지게 쪼갠단 말씀이야
아, 네
세운상가에서 출발한 택시가
복날에 길게 줄 선 고려삼계탕 앞에 선다
아가씨, 오늘 운 좋은 줄 알아
거스름돈 3,200원 너 다 드시고
나는 토했다

제 이름은 야한입니다

한 시인의 시집이 인쇄되고 있었다
불교방송에서 밤 프로그램을 진행하는 그에게
고가의 만년필을 선물하는 여승도 있다 했다
한 시인의 시집이 채 다 인쇄되기도 전에
시인보다 앞서 새 시집을 찾는 전화가 걸려왔다

여기는 내가사라는 절입니다
시집 100권 주문합니다
주소 불러드릴게요
경남 밀양시 무인면 내집리 553
제 이름은 야한입니다
받는 사람에
야한 스님, 이렇게 쓰시면 됩니다

그로부터 스님과
몇 통의 문자 메시지를 주고받았다
밀양 하면 다들 전도연으로 압니다만,
내가사는 여자가 머물기에 참 좋은 절이지요

한번 놀러오라 그리도 말씀하였으나
여직 스님 떠올리면 야한이니
아직 갈 때가 아닌 듯해 나는 차일피일이다

제2부
우물우물

마치……처럼

내가 주저앉은 그 자리에
새끼 고양이가 잠들어 있다는 거

물든다는 거

얼룩이라는 거

빨래엔 피죤도 소용이 없다는 거

흐릿해도 살짝, 피라는 거

곧 죽어도
빨간 수성 사인펜 뚜껑이 열려 있었다는 거

오빠라는 이름의 오바

　서울역 계단에서 다다다다 굴렀던 날 일으켜준다더니 그 손으로 자빠뜨리는 오빠를 만났다 안 그러면 뼈가 상한단다, 이 오빠만 믿어 코맹맹이 소리로 지나가는 세번째 앰뷸런스, 해가 지기 전에 집에 가야 하는데 오빠, 자꾸 부르니까 코 막히는 오빠, 오빠는 붕대 대신 두루마리 휴지로 깁스를 해준다고 풀럭거리는데 비가 와 퉁퉁 불은 휴지들이 고름처럼 내 몸에서 솟아나잖아요 안 그러면 뼈가 상했을 거야, 이 오빠만 믿어 코맹맹이 소리로 지나가는 다섯번째 앰뷸런스, 달이 뜨기 전에 집에 가야 하는데 오빠, 자꾸 부르니까 코 막히는 오빠, 오빠는 식염수 대신 정액으로 소독을 해준다고 싸대고 앉았는데 빨아들이지 말아요, 그날의 둘째 날이라 창자가 내 피로 흥건하잖아요 안 그러면 뼈가 상해버렸을 거야, 이 오빠만 믿어 코맹맹이 소리로 지나가는 일곱번째 앰뷸런스, 수만 별이 떴다 지기 전에 집에 가야 하는데 오빠, 자꾸 부르니까 코 막히는 오빠, 오빠는 목발 대신 제 허벅다리로 내 다리가 되어준다고 도끼를 들고 설쳐대는데 믿는 도끼에 발등이라더니 아이쿠 무거워라, 지게처럼 내 등뼈가 휘고 포대기 같은 내 자궁이 터지려 하잖아요 안 그러면 뼈마저 상해버리고 없을걸, 이 오빠만…… 에그 철딱서니야 믿긴 뭘 자꾸 믿으라는 거야 아무도 찍어 먹지 않아 배달시킨 그대로의 춘장처럼 시꺼먼 살점의 오빠가 왕따 당해서는 안 돼 절뚝거리며 사막 너머 아프리카로 향해 가는 길 위의 나는 벌써부터 극성스런 엄마라는 무한대

빨강에 고하다

빨강구두
네가 사준 빨강구두를 처음 신었다
네가 아는 내 애인과 오락실에 갔다
Dance Dance Revolution!
스텝 틀어져 발이 밟혀 죽겠는데
왜 자꾸 내 이름은 부른다니?
시선을 내리깐 너는 거기 그렇게 서 있었고
환영오락실 카운터에 너는 동전 바꾸는 손이었다
미안해, 불륜 중이야!

빨강팬티
네가 손만 잡고 잠만 자자고 했다
네가 아는 내 애인이 고해성사를 한 직후였다
Eli Eli Lema Sabachtani!
코 골며 꿈속으로 나자빠진 줄 알았는데
왜 자꾸 내 이름은 부른다니?
빨강팬티에다 나는 날개형 화이트를 대고 있었고
화장실 변기 위에 나는 오래 저린 엉덩이였다

미안해, 생리 중이야!

빨강무
네가 솟고 있는 이 욕구가 뭘까 내게 물었다
네가 아는 내 애인은 유부남에 발기부전이라 예뻤다
a hundred miles, a hundred miles……
세 번은 더 불러야 five hundred miles인데
왜 자꾸 내 이름은 부른다니?
발가벗은 채로 나는 문밖 조간신문을 집고 있었고
눈 마주친 옆집 남자는 내게 물린 빨강무였다
미안해, 식사 중이야!

솔직해집시다

사정 후 덜 싸맨 콘돔을 창에 던지는 건
그 남자의 오랜 투구법
창을 만나 창에 안겨 창을 더럽히는 계란 흰자
축농증의 콧물로 마사지하는 건
그 여자의 오랜 미용법

남자의 어깨 근육이 늘어났다 줄어드는 만큼
오그라들었다 벌어지는 여자의 모공 속에서
싹이 났다 잎이 났다 썩어 문드러지는 감자
창밖으로 툭 던지는 안녕을 기념이나 할까

서로 마주한 채 쪼그려 앉은 그들이
하얀 침대 시트 위에 오줌을 누기 시작한다
누가 더 노랄까 누가 더 지릴까 김을 내며
오롯이 합이 되는 유일한 찰나,

남자가 엊저녁 스포츠 신문을 시트 위에 깐다
밥이 왔으므로 서둘러 밥상을 차려야 하므로

배가 부르지 않고서는 절대
여자는 남자를 사랑할 수 없으므로

젖이라는 이름의 좆

네게 좆이 있다면
내겐 젖이 있다
그러니 과시하지 마라
유치하다면
시작은 다 너로부터 비롯함일지니

어쨌거나 우리 쥐면 한 손이라는 공통점
어쨌거나 우리 빨면 한 입이라는 공통점
어쨌거나 우리 썰면 한 접시라는 공통점

(아, 난 유방암으로 한쪽 가슴을 도려냈다고!
이 지극한 공평, 이 아찔한 안도)

섹스를 나눈 뒤
등을 맞대고 잠든 우리
저마다의 심장을 향해 도넛처럼,
완전 도-우-넛처럼 잔뜩 오그라들 때
거기 침대 위에 큼지막하게 던져진

두 짝의 가슴이,
두 쪽의 불알이,

어머 착해

삼차원의 커플 女

 떠나간 애인은 잠들었고 나는 그에게 잔바람을 불어주려 홀라후프를 돌린다 아슬아슬 금이 갔다 모아지는 사연 속에 펼쳐도 닫힘의 기억으로 쭈글쭈글해지는 사과 껍질을 나는 길고 더 길게 벗겨내고 있었는데 피투성이 고무줄이여! 끈 떨어진 탯줄에 목이 감긴 건 다름 아닌 나였다 낳고 싶었는데 이리 불쑥 낳아지다니, 우는 법을 몰라 척척한 분홍 장화를 신은 우비 소녀는 그날 밤 안짱다리처럼 벌어진 내 입술 새에 장화를 벗어 질척질척 고인 눈물을 쏟아부었고 나는 인큐베이터처럼 따끈한 보온도시락 안에서 하루 꼭 세 끼의 밥통으로 꼭꼭 살 파먹히는 알뜰한 경제가 되어갔다. 다만 구멍으로 벌어지기 위하여

삼차원의 커플 男

　떠나온 애인은 밥풀처럼 딱딱한 젖꼭지를 가졌고 나는 그녀의 젖퉁이가 안쓰러워 팽이 삼아 돌린다 2단 서랍만 한 여행 가방 가득 팽이를 채우기 위해 살뜰한 그녀는 밤마다 내버렸던 난자들을 주우려 다녔고 나는 그녀의 乳腺 속에 크리스마스용 전구를 달아 불타는 팽이를 완성한다 이렇게 싹싹 두 번 감아놓아만 주세요, 팽이가 불을 뿜으며 잘도 돕니다, 가격은 단돈 천 원! 열차 바닥 위로 뾰족한 바퀴의 팽이가 어떤 절정으로 돌고 돌 때 승객들은 온통 옆 칸 면도기 파는 남자가 덤으로 주는 코털깎이에 코털 숨기기 급급했으므로 나는 점자처럼 꼭꼭 숨어버린 그녀의 편지에 꼭 답장하는 심지로 천 원에 다섯 개들이 볼펜 장수가 되어갔다, 다만 구멍을 메우기 위하여

페니스라는 이름의 페이스

그러니까 이건 무지 빤한 이야기
동그라미 그리려다 무심코 찌그린 꽈배기가 있다 꽈배기는 맛있어 맛있는 건 바나나 바나나는 길어 길으면 기차 기차는 늘어져 늘어진 건 꽈배기⋯⋯ 온종일 나 모르는 내가 이리도 꽈배기 타령일라치면 허기보다 배란기며 곤궁보다 자궁이라 착각도 참 자유로워진다 꽈배기여관으로 꽈배기모텔로 아니, 방 잡으려는 거 아니고요 그러니까 이 업소 이름 지은 사람이 남자일까요, 여자일까요

그래서 아주 시시한 이야기
지금 그 사람 얼굴은 잊었지만 복사뼈에 걸쳐 있던 그의 똥 싼 바지는 아직도 내 기억에 또렷하네 허리띠라도 하나 사줄 것을⋯⋯ 팔팔 끓는 주전자 주둥이가 얼마나 뜨거운지 차라리 말씀을 하시지 그랬어요 알았음 후 불어 식혀주기라도 할 것을⋯⋯ 세상에는 무조건 용서해야 할 죄가 두 가지라지요 하나는 너무 어린 거, 또 하나는 가는귀 먹은 거 그렇게 침

묵 속에 우린 그저 후진이나 하는데 백미러에 흔들흔들 고무줄로 몸이 묶인 예수가 위아래로 흔들리고 있었어요 그래서 아름다운 죄는 사랑 때문에라고 했나 봐요

그러나 결코 안 질리는 이야기

어제는 조인성이라 뚜레쥬르에 갔고 오늘은 이선균이라 던킨도너츠에 간다 그 페스트리가 그 페스트리고 그 꽈배기가 그 꽈배기지 그러나 빵만 먹고 어찌 살겠니 지당하신 왕언니 말씀

나비중독자

집으로 돌아오는 길에
젖소를 떠메고 가는 여자를 보았지
누군가 또 우유를 먹고 싶다 그랬구나

버선발로 목장에 뛰어갔다 오니
너는 없고
혼자 빨기에 남은 젖소의 젖퉁이들
너무 많아
칼질과 포크질로 피의 테이블보 폭신할 때

남몰래 지리고 간 나비의 꿀 같은 오줌

죽어가는 물고기의
마지막 한 모금의 뻐끔처럼
늘 그런 도돌이표

빨랫줄 위 젖소 가죽 펄럭거리고
떨리는 혀끝으로 등허리를 핥는

내 혓바닥의 충전지가 바닥날 때까지

데칼코마니, 마르지 않는

남편이라는 이름의 남의 편

　베레모를 썼기 때문에 나는 그를 이해한다. 베레모를 썼기 때문에 그녀는 그를 사랑한다. 그제는 베레모가 내게 와 거짓말을 했고, 어제는 베레모가 그녀에게 가 하루를 보냈다. 베레모가 없다고 해서 나는 내버려진 마음인 게 아니다. 베레모가 있다고 해서 그녀는 원앙이 놓여 있던 속옷 서랍인 게 아니다. 베레모는 오늘 주문한 캔버스를 기다리며 모과를 딴다. 베레모는 늘 그랬듯 붓을 빨 적에 모과차 주전자가 끓고 있기를 바란다. 집 안 가득 모과 향기 푹 퍼지자 베레모는 전화기를 찾는다. 창밖에 저물고 있는 한 일생, 남자라고. 베레모가 전화를 했기 때문에 그녀가 미친 여자처럼 벨을 누른다. 베레모가 전화를 했기 때문에 나는 미친년처럼 인터폰을 받는다. 거추장스러운 손님에게 무모하게 베푸는 친절, 이러지 말자 하면서도 나는 모과차 석 잔을 내온다. 내가 모과차 속에 비친 그녀를 눈 속 깊이 삭히는 동안, 그녀가 모과차 속에 비친 나를 뱃속 깊이 삼키는 동안, 베레모는 멍하니 창밖을 본다. 저기에 뭔가를 두고

온 것 같아, 사무치던 어떤 육신 같은 거. 베레모는 두 손으로 얼굴을 감싸 쥔 채 운다. 밝고 그럼 충분했지 싶을 만큼의 얼핏 눈물 같은 거. 그리고 우리들의 둥근 유방을 찾는다. 베레모에게 한쪽씩 물린 젖이 된 우리들은 의문한다. 하여 살자는 것이 쾌락인가, 쾌락이 삶인가. 속고 속이고 속으면 속 편할 레퍼토리, 우리는 이제 그렇게 됐다.

뜻하는 돌

마라도에 갔습니다
태풍에 배 안 뜰 줄 알았습니다
해물톳짜장을 먹었습니다
수지 타산에 가게 망한 줄 알았습니다
기념 촬영을 했습니다
혼인 빙자로 자살한 지 오래인 애인이
삼각대를 꺼내 좀 들어달라나요
어깨가 무거웠습니다
심장에 누가 돌 매단 줄 알았습니다
절이 있었습니다
돌에 돌을 얹는 게 합장인 줄 알았습니다
돌을 훔쳤습니다
가방에 壽石인 줄 알았던 애인이
공항 휴지통에 돌을 좀 버리고 오라나요

인형도 아닌 그저 돌을 말입니다

벙어리……장갑

  사랑할 때 우리의 입은 늘 한목소리였다 사랑할 때 우리의 손은 늘 한 손깍지였다 그로부터 벙어리장갑 한 짝이 내 것이라 배달되었을 때 나의 두 심장은 박수 치는 심벌즈처럼 골 때리는 콤비였다 이는 내 것이 아니었으므로 아나 개야, 개나 물어뜯을 놀잇감 준비하느라 오래도록 당신 참 수고하셨겠다, 죽어라 그니까 개 줄라고

피날레

혁대로 내 목을 조이는 걸
그저 바라만 보고 있으니까
그는 떠났다

한 시인이 닭에게 그러했듯
나를 먹을 수는 있었으나
나를 잡을 수는 없었던
예민한 그였기 때문이리라

그리고 오늘,
그의 뒷주머니에 선물로 찔러 넣었던
오른손이 되돌아왔다

왼손보다 양옆으로 약 3센티미터가량
손바닥이 자라 있었다 손톱 또한
오렌지를 살찌우는 뜨거운 태양 아래
즙을 내기 좋은 고깔처럼 다듬어진 뒤였다

닭살을 긁은 뒤 울긋불긋 솟은
살진 여드름을 짜기에 더없이 좋았으므로
나는 내 안의 작디작은 죽음을 잊었다

그렇게 흔들흔들
안녕 새로운 나여

숲에서 일어난 일

어느 날 벤자민고무나무 한 그루
나에게서 나에게로 배달시켰다
고르고 보니
키가 딱 아홉 살 소년만 했다
흔들리고 싶을 때마다
흔들기 위해서였다
흔들고 난 뒤에는
안 흔들렸다 손 흔들기 위해서였다
이게 이심인가 전심인가
몇 날 며칠을 기다리는 동안
마른 이파리들 저 알아서
저 먼저서 툭, 툭, 떨어져 내렸다
뒷짐 지고 산책이나 다녀올 일이었다

카드 쓸 때는 방해하지 마세요

 누룩 같은 얼룩 하나 몽우리 져 가만 귀를 대보니 와 하고 번져가는 함성 있어 은빛 거대한 핀셋인 척 너의 눈동자만 집고 다녔네 도로 아미타불, 그래도 침 뱉지 마 다만 눈물로 살살 떼어줘 오늘 밤도 개수대 그물망은 네가 아니어서 안심인 유리구슬들로 홀짝 하려는 손바닥들 제 앙가슴에 콘택트렌즈 꼭 숨긴 채 꼭 쥔 주먹 영 안 펴겠네 골드 벨벳에 셀레스티얼 저 탄넨바움을 장식한 비드의 반짝임 안녕, 나 홀로 메리 크리스마스야

제3부
신은 각주에

늘 그런 공식

 어느 겨울 엄마가 짜준 빨간 벙어리 털장갑 한 짝을 잃어버렸다 그리고 어느 겨울 꽁꽁 언 빙판길 위에서 엄마야, 나동그라졌을 때 불쑥 내미는 손 하나를 만났다 간밤 누군가 게우고 간 토사물 속에 섞이지 않으려고 그것은 얼음장 밖으로 목이 늘어나 있었고 혀는 부어 붉었다 엄마야, 악수하는 순간 빠지직 소리와 함께 벌떡 일어선 너는 그로부터 내게 걸어와 이기든 지든 모 아니면 도라 바람을 짜부라뜨리는 빨간 뿅망치로 심장 대신 콩콩거렸으니 아마도 내일은 삽질하다 목이 박힌 숟가락들의 달가닥 소리로 목젖들깨나 아리겠다 그리하여 또 하나의 완성된 위장, 방문하는 봄에

복수라는 이름의 악수

니 보지에 털 났냐? 쓰다듬는 손이 있었고 털보만 봐도 코딱지 박힌 재채기를 쏟아내던 그녀는 면도날 모으는 취미를 가졌다 2소라헤어샵이 어디예요? 길을 가리키는 손이 있었고 그날 밤 칼끝 같은 손끝에 찔려 외눈박이 된 그녀는 각종 도마 전시장의 안내자였다 이 비곗덩어리 역겹지도 않니? 엉덩이를 물어뜯는 손이 있었고 꼭 낀 코르셋 밖으로 삐져나온 살 때문에 그녀는 공업용 전기 대패를 때밀이 삼은 지 오래였다 *내미는 손은 싹둑, 정원용 가위로 잘라야 할 손*…… 암호인데 암내로 착각한 애인의 면장갑은 울퉁불퉁 열두 개의 손가락, 그러니까 나 죄 없어요 잘근잘근 자른 두 손가락을 털 뽑힌 브러시 삼아 색색의 아이섀도를 칠해보지만 메이크업이 다 끝나갈 때까지 마네킹은 눈 뜰 줄 몰랐다 불합격을 위한 테스트의 하루는 계속되었고 마네킹 메이크업 아티스트는 사치였구나, 마네킹 공장의 여공으로 조립을 연마하기 시작한 그녀는 머리 몸통 팔 다리를 들고 뛰는 나날 속에 34-24-35 실루엣 하나 제 창가에 세

워놓을 수 있었다 그대 윤곽선을 따라 흘러내리는 달
빛의 탄탄한 지방층이 얼마나 탄력적인지 매일 밤 그
녀는 마네킹을 껴안은 채 잠이 들었다 이제 더는 필
요 없는 전화번호 책장을 뜯어 더덕더덕 그대에게 넘
버링 이불을 풀칠해주고 난 새벽, 따르릉 전화를 거
는 손이 있었고 창밖으로 전화기를 내던지는 손이 있
었다 괜찮아, 괜찮아 현관 앞에 누군가 똥 한 무더기
를 싸놨고 그건 다시 오겠다는 도둑의 예의 바른 알
림장이었으므로 다음 날 아침 삽으로 똥을 퍼 똥통
속에 내버리며 그녀는 나지막하게 중얼거렸다 귀찮
아, 귀찮아 그녀의 삼각팬티로 깜찍이니 끔찍이니 모
자를 쓰고 그녀의 브래지어로 잘 보이니 안 보이니
안경을 낀 그가 초인종을 눌렀을 때 *내미는 손은 바
나나 다발, 죄다 까먹어버려야 할 움켜쥔 손*······

그림과 그림자

　주님의 안식처가 영원한 네 집이라더니 네 주님은 여태 뭐 하신다니 김칫국물 튄 네 교복 블라우스는 햇수로 13년짼데 네 주님은 못 말리는 게으름뱅이, 엉겁결에 소시지와 코를 맞바꿨대도 더는 헬퍼 안 해줄 거야, 다짐했건만 빨랫물을 받는 네 고무장갑은 영락없이 지문 닳은 내 두 손이었다 비비고 헹굴수록 선명해지는 얼룩이여, 동그란 그 마침표 안에 퉁퉁 불은 얼굴을 쑤셔 넣은 너는 밤마다 주황색 볼링공으로 내게 굴러들어 왔고…… 스트라이크! 쾌조의 컨디션에도 꼭 한 개씩 쓰러지지 않는 핀이 있어 나는 우리가 함께 물려받은 그 어둠의 숲에서 숨어 있기 좋은 나무꾼의 굴속을 쑤시고 다녀야만 했다 벼락도 피해 가는 녹슨 나무꾼의 도끼날이 날 찍고 또 찍어대는 동안 하루는 열두 시간으로 압축된 시계 불알, 외다리로 콩콩 땅속 깊은 내 관 뚜껑에 못질하다 보니 어느새 나는 서른이었고 미결로 종결된 신문기사 속 일찍이 방부 처리된 너는 죽어서도 순결한 열일곱이었다 떨쳐낼 수 없는 네가 있어 또 다른 너들을 떨쳐낼 수 있는 내밀한 너와 내 협상의 테이블 위에서 먼저 사인하는 손, 있었으나 누가 뭐래도 우리는 지는 걸 이기는 병자들일 뿐이었다

강박은 광박처럼,

뒤집어쓰는 것이라 담요가 말한다 담요를 뒤집어 쓸 때 나는 개집에 숨어든 밍크처럼 어둠 속에 더욱 반질대는 눈동자를 가진다 왜 쳐다보니? 제 새끼 낳다 말고 제 새끼 물어 죽인 밍크 때문에 농장을 말아먹은 새아빠가 너라도 팔자 개집에 숨어들 때 나는 출산하는 축복으로 버려지는 튀김옷…… 추워서 껴입었더니 두텁떡이데요 꼬치 막대만 보면 움츠러드는 자벌레들 입때껏 꼬리에 꼬리를 문 채 담요 안으로 기어들고 있으니 강박은 광박처럼,

뒤집어씌우는 것이라 설탕이 말한다 설탕을 뒤집어쓸 때 나는 가만 고만 자라나는 도넛처럼 오븐 속에 더욱 부푸는 몸뚱이를 가진다 왜 핥아대니? 제 손가락 빨다 말고 내 발가락 빨아대는 사탕 때문에 사랑을 말아먹은 애인이 네 이라도 내놔 망치 들고 섰을 때 나는 쏟아지는 조각 퍼즐로 버려지는 골판지…… 외로워 골 패댔더니 대머리데요 오이만 보면 오톨도톨 긁기 바빠 죽겠는 손톱들 여전히 설탕 봉지

안을 휘적거리고 있으니 강박은 광박처럼,

 따블 따따블로 오늘도 걷는다만 정처 없이 죄 돌아가는 그 판, 박이

그녀의 동물은 질겨

1

여자에게 고민이란 바로 이런 것
왜 나의 不感은 感이 되지 않는 걸까
이렇게 쉽게 평, 젖으면서도 말이지
왜 나의 感은 不感이 되지 못하는 걸까
이렇게 체중계가 휘청, 하는데도 말이지

2

엄마가 도끼로 책상 서랍을 찍을 때
그 아래 그저 졸고만 있던 여자가 있었다
서랍에서 끄집어낸 검은 봉지가 찢어발겨졌고
피에 젖은 채 돌돌 말린 수십 개의 생리대마다
아름답다, 빨간 리본이 묶여 있었다
성탄절 소나무에 오너먼트로 쓰면 예쁠 것 같아서
기쁘다 구주 오셨으니까

이는 나의 거룩한 동정,
메리 크리스마스야

   3

위에서 아래로가 아니라
아래서 위로만 밑을 닦는 여자가 있었다
모두가 똥을 누고 살지마는
모두가 똥을 누지 않는 얼굴로 살지마는
꼭 그렇게 밑 닦은 휴지를 펼쳐 보여야만
딸꾹질이 가시는 저 신경과민의 여자에게
거기 털을 한 움큼 잡아 뜯어 잘근잘근 씹는 남자,
사랑이야

4

아버지가 곧 죽는다 하였는데
옷 투정하다 끝내 임종을 못 지킨 여자가 있었다
그렇게 매일 입을 옷이 없어
발가벗은 채로 약속 장소에 나가 있던 그녀였다
그러니 누가 여자에게 돌을 던질까 하였거늘
헤어진 애인은 냅다 여자의 옷장에다 불을 질렀다
옷장 가득 내가 사준 옷들 활활 잘 타라고
이로써 여자는 더욱 확고해졌다,
씹새야

5

배불러 배불러 부른 배를 두드리면
배 깎아드릴까요 나주배를 사러 가던
가끔은 그렇게도 귀엽던 한 여자가 있었다

물론 그길로 집을 나가
여태 돌아올 줄 모르지만
여보세요 여보세요 하다 여보가 된 사연
어디 한둘일까
세상 많은 여보들로
우린 모두 일촌이니 부디,
걱정 마

나미가 나비*를 부를 때

 나미의 베스트 앨범을 듣다 야식이나 사러 나가는데 파리바게트 앞에서 제 얼굴을 뜯고 있는 한 소녀를 만났어요 트윈케이크에 달린 손거울 안으로 쏘옥, 좀 휴대하기 간편하고 싶었는데 지난 16년 동안 단 하루도 빠짐없이 1인치씩 얼굴이 자랐다는 조막의 달인 대두 김민정 선생님…… 어럽쇼, 시방 그게 개그냐? 얼굴 대신 프라이팬 달아봤어요? 안 달아봤으면 말—을 하지 마세요 어럽쇼, 시방 그게 개그냐고! 개그우먼이 되기에는 썰렁함밖에 재주 없는 소녀에게 재주라곤 제 얼굴이나 뜯어 먹는 일, 하여 한 입 두 입 솜사탕처럼 달착지근한 살점이 소녀의 엄지검지손가락에 들러붙었고 그걸 핥기 위해 고양이는 제 키보다 더 긴 기지개로 잠이 깨기 시작했어요 나비야, 나비야…… 예서 나비는 그 나비가 아니라지만 고양이는 쫓기는 밤이 아닌 타고 싶은 밤인 줄 알아, 알아서 울어댔어요 허나 우는 고양이를 내 젖으로 달랠 수는 없는 일, 우는 고양이는 고양이라서 괜찮지만 너무 우는 고양이는 고양이라서 혼이 날밖에요 지금 집집마다 가스레인지 위에서는 튀김 솥이 끓고 있을 거예요 펄펄 끓는 식용유에다 슛! 이렇게 집어던져질 때 고양이에게 죽음이라 하면 그 잔뼈가 오독오독 씹힐 때야 비로소 제 뼈가 관절염에 좋다는 걸 아는 일일 터 그러니 소녀여, 부디 얼굴 뜯어 먹고 산다고 함부로 지껄이지 마렴 이 고소한 고양이들은 다 어쩌라고!

*「나비」, 가수 나미가 1985년 발표한 노래.

할머니, 사내들, 그의 아내, 그리고 그녀의 딸
──피터 그리너웨이 풍으로

 할머니가 죽자 그녀의 사내들이 되살아났고 게서부터 우리들의 가계는 시작이라 했다 유언은 단 한마디, 굿! 하셨다는데 그래서 좋단 말씀이시우, 아님 살짝 비명이실까

 할머니가 죽자 되살아난 그녀의 사내들은 시루 속 콩나물처럼 길쭉길쭉 자라났고 이거야말로 우리 모두의 로망 아니겠니, 이 많은 아버지들 속에 내 아버지 골라잡기 말이다, 매일 밤 그녀는 물 찬 조루로 똥 찬 시루를 적시느라 여념이 없었거늘

 소녀는, 재주라곤 손톱이나 물어뜯을 줄 아는 소녀는, 이도 저도 시큰둥이라 머리가 덜 찬 아버지의 대가리를 따거나 뿌리가 시들한 아버지의 아랫도리를 짓이기는 데서 그녀를 이해한다 하였지만 어머니, 몸통만 남은 콩나물은 아귀찜 속에서나 환영받을 일 아닌가요

할머니가 죽자 너무 자란 그녀의 사내들은 목 둘데 없어 창밖으로 뒷짐이나 졌고 나귀 타고 장에 가신 아버지는 돌아오실 때마다 어찌 그리 무성할까 어느 집 구들을 차고 어느 집 밥상 위에 올라앉았는지 그녀는 알 바 없다 하였지만 어머니, 4점짜리 한문 주관식 문제로 呼父呼兄은 꼭 나온다고 했다니까요

소녀는, 연필 대신 다트 핀을 쥔 소녀는, 할 일 없어 하릴없이 다트 판이나 겨냥하고 그건 필통 속을 뚫고 나가려는 연필심의 기지개 같은 타고남이라 화살은 쏙, 쏙, 퍼펙트 텐으로만 소리 없이 적중하고 소리 나게 요란한 코치의 바람대로 소녀는 처녀 출전한 올림픽 양궁에서 금메달을 따느라 여념이 없었거늘

할머니가 죽자 어떻게든 죽지 않는 그녀 앞에서 소녀는 금메달이라 하고 이게 진짜냐 가짜냐 깨물러 온 아버지는 금니 네 개가 네 아비려니 유산이라시는데 콩나물이나 잡술 것이지 똥꼬 속에서 자꾸 콩나물이

나 뽑으시는 어머니, 돌돌히 구겨지는 원으로 인제는 돌아와 제 관 앞에서 녹고 있는 저 눈사람은 대체 누구이간데요

할머니가 죽자 그녀의 살은 부풀어 올랐고 게서부터 우리들의 식탁은 시작이라 했다 누가 깔아두었나 새하얀 광목천 위에 누운 그녀는 영양 만점 두부로 따끈따끈하기만 한데 살뜰한 어머니의 야무진 칼 솜씨로 오늘도 우린 비만이란다

똥꼬 베이비

활을 버리고 현을 버리고 빈 케이스로 남은 너를 꺼낸다 이름도 몰라요 성도 몰라 더는 그릴 수 없는 악보 위에서 don't go baby! 마지막 네 악상은 낚시 고리 같은 비명으로 국자 대신 뒤집개 대신 프라이팬 대신 부엌 곳곳에 걸려 있었는데 반짝이는 칼날의 분주함으로 다져지는 네 삶……은 당면이 한 솥이로구나, 중국인 거리의 만두 가게 元寶 엄마는 소 대신 살집으로 넘쳐나는 너를 푹푹 퍼 찰게 빚은 만두로 꿀꺽, 침 한번에 삼켜버린다 잘 자라 죽기까지 사느라 그저 가엽기만 했을 내 아가, 내 만두야 폐색을 앓는 내 장속에서 죽어도 같이 죽을 넌 영원한 나만의 똥꼬 베이비란다

언니라는 이름의 언짢음

1

발정 난 암고양이 앞에서 맨 처음 언니들은
꼭 그렇게 애인의 바지를 벗겨 좆을 물더라
노망난 할아버지 기저귀를 갈 때도
옥죈다고 브래지어부터 훌렁 풀더라 일테면
맨 처음 언니들은 꼭 그렇게,

2

나는 태어났는데 나는 아장거렸는데 맨 처음 언니들은 내 양말 속에 숨어 있더라 뭐야 이년, 펭귄이잖아 나는 추웠는데 나는 열병이었는데 맨 처음 언니들은 내 땀복 속에 숨어 있더라 뭐야 이년, 끓는 죽이잖아 나는 흘렀는데 나는 씻고만 싶었는데 맨 처음 언니들은 데인 내 손안에 숨어 있더라 뭐야 이년, 빼빼잖아 나는 깨끗했는데 나는 초짜였는데 맨 처음 언니

들은 내 미주알 끝에 숨어 있더라 뭐야 이년, 빈 궁이
잖아 나는 걷어차였는데 나는 묶인 나무였는데 맨 처
음 언니들은 내 심장 속에 숨어 있더라 뭐야 이년, 비
닐봉지잖아 나는 덧씌워졌는데 나는 축농증이었는데
맨 처음 언니들은 내 콧구멍 속에 숨어 있더라 어라
언니, 맨 처음 언니들이잖아요 나는 투망이었는데 나
는 벌집이었는데 게서 뭐 하세요 언니들, 안 나오면
쳐들어가요 쿵짜작 쿵짝 나는 확성기였는데 나는 두
달 기른 손톱이었는데 맨 처음 언니들은 꼭 그렇게,

3

엘리베이터 거울에 코딱지가 말라붙어 있더라
누군가 포스트잇에 갈겨 쓴 글씨
씨발아 너 언제 떼 먹을래?
CCTV 속에서도 나만 갖고 그러더라 일테면
맨 처음 언니들은 꼭 그렇게, 흥!

선우일란, 빵의 비밀

    순간의 어떤 스프링 같은 용솟음을 치기 어린 허기로밖에 말할 수 없었으므로 나는 먹었다 가라앉지 않는 체중으로 날마다 삶을 증거로 하는 재미, 쏠쏠하여 전봇대마다 속을 게워낸 흔적 동그마니 개와의 영역 다툼에 혈안이던 어느 날, 종아리에 난 이빨 자국을 보았다 너덜너덜 남은 살점을 떼어 먹기 위해서라도 넌 또 오리라, 피 흘리며 흘린 피 마를까 머큐로크롬을 부어가며 빈혈의 내가, 쓰러지는 척의 내가 눈을 떴을 때 나는 주둥이만 남은 비루먹은 개로 어디론가 업혀 가고 있었다 야! 왈! 왈? 이봐! 왈왈! 왈왈? 말은 곧 짖음이었고 밀가루를 옴팡 뒤집어쓴 누런 러닝셔츠의 사내가 대나무 발을 헤치고 윔블던 베이커리로 들어서는데 아픈 개 소리로 신음하는 그녀, 선우일란이 퇴주 그릇같이 넙데데한 젖퉁이를 출렁이며 텔레비전 밖으로 기어 나오는 것이었다 갓 구워낸 빵들은 땀내도 참 향긋하구나 효모의 숨쉬기 운동으로 부풀 대로 부푼 사내의 자지가 빵 밖으로 삐져나오는 소시지인가 싶더니 자이로드롭에서 떨어지며 질러대는 사내의 비명에 오우—마이—갓! 튜브용 마요네즈를 흔들어 짜듯 사방팔방 슈크림이 튀었으나 순간의 어떤 닻 같은 드리움을 허기 어린 치기로밖에 말할 수 없었으므로 나는 굶었다

일요일은 참으세요

1

 서른, 좆도 아닌 나이라지만 그 좆이야말로 슬픔의 심로라 시방 그녀의 등뼈는 불붙은 심지처럼 타고 있는 거다. 청첩장이거나 부고장이거나 일요일, 化粧하거나 火葬하거나 일요일, 섹스하거나 미사 보거나 일요일의 우리들은 용각산 같은 그녀의 뼛가루로 시방 목을 풀거나 목이 메는 거다 앙코르! 앙코르! 야 이 놈의 까-까-마귀들아, 시방 니들의 그 주둥이는 웃자고 씨불대는 거니 울자고 씨부렁대는 거니

2

 내 안에서 나를 쪼는 까-까-마귀들의 입 냄새에 나는 눈을 뜬다 꿈이야 뭐야 청담웨딩프라자에서 신부의 들러리로 나는 기념 촬영을 하고 있었는데 영정 사진 앞 그녀의 흰 국화와 들꽃사랑 내 부케가 뒤엉

켜 썩고 있는 거다 향수의 절반이 시취인 꽃들이여…… 꿈이 아니라면 또 뭔데 결혼식장에서 스테이크를 써는 하객들이 장례식장에서 육개장을 퍼먹는 조문객들로 양복이 반반 재단되어 있는 거다 몸의 절반이 검은 반점인 사람들이여…… 까꿍

3

알아들을 수 없는 화교들의 말 속에 알아들을 수 있는 내 말은 저 혼자 맴맴 원을 그렸고 아지랑이 어지러이 피어오르는 쇠창살을 물어뜯으며 까-까-마귀들이 날아오른다 그녀의 봉분을 등에 짊어진 채 다시금 하강하는 순간의 바싹, 오름처럼 폭신폭신한 곡선을 베개로 받쳐주며 편안한 잠 되셨나요? 되묻는 니들의 그 앙큼한 앙코르! 앙코르!

죽거나 자거나 일요일은 그래서 틀려도 맞는 거다

흔해빠진 레퍼토리

 약속이나 한 듯 수십 대의 러닝머신 위에서 수십 명의 사람들이 뛰고 있다 약속이나 한 듯 그들의 시선은 정면에 달려 있는 LCD 모니터에 꽂혀 있다 약속이나 한 듯 그들은 한국시리즈 두산과 삼성의 플레이오프 1차전 경기를 보고 있다 약속을 못 했기에 나 혼자 야생대탐험을 보고 있다 붉게 구운 점토처럼 화면 가득 신열로 빚은 쌍봉낙타들이 사막 한가운데서 쌍을 이뤄 교미를 하고 있다 나 몰라라 주저앉은 암놈 위로 나 먼저야 수놈 두 마리가 올라탈 때 밀려난 한 마리가 봉긋한 슬픔의 가슴 두 짝을 출렁이며 화면 밖으로 걸어 나오고 있다 뭐야, 나, 나? 주춤 뒤로 물러날 때 저기요 러닝머신 멈췄거든요, 줄을 서 기다리던 여자가 내가 내린 러닝머신 위에 올라타자마자 나 잡힐라 채널을 돌려버린다 약속이나 한 듯 야심만만을 보며 히죽거리는 여자의 엉덩이께로 슬금슬금 다가서는 낙타의 꼬리를 안 돼, 끌어당기자 쌜쭉하니 웃는 낙타의 입에서 똥 냄새가 난다 너도 그처럼 도통 씻을 줄 모르는구나…… 사우나 온천수는 둘에 넘쳐흐르고 보글보글 뀌어대는 물방귀로 너의 허기를 이해할 때 나는 말랑말랑한 내 젖꼭지를 물려 널 잠들게 한다 꿈을 꾸는 너는 차곡차곡 접힌 튜브인 양 오그라들어 풍선처럼 가벼이 내 손에 쥐여지고 순간 나는 두둥실 날아오른다 더 깊은 밤 속으로 보다 어두운 송장처럼 안 보여야 들리는 목소리들 가운데서 나는 네모를 그리고 관을 열어 네가 씹다 만 육포를 찾아낸다 기억의 짭짤한 마우스피스는 병 앓는 잇몸처럼 냄새에 곯는구나 고린내 나는 집게 핀을 머리에 꽂았을 때 너 이전의 너는 이빨의 얼굴로 환히 웃고, 에구 구려라 하품하며 깨어나는 꿈 밖의 낙타는 너 이후의 너인지라 눈뜨자마자 변기 위에서 변기야 무너져라 아침을 맞는다 화면 너머로 본방처럼 재방송되는 야생대탐험을 보며 어느새 낙타 무리 속으로 걸어 들어가 교미 직전의 어제로 오늘을 사는 너, 약속을 못 했기에 우리에겐 내일이 있다

왕십리, 그 밤
—소월 풍으로

눈이 내리고
내리는 눈이니 나는
잠이나 잘까 하였는데
쌓이는 눈이니 나는
꿈에나 들까 하였는데

눈이 내리고
내리는 눈 따라 걸어가는
소녀의 발자국은 온데간데없고
쌓이는 눈 위로 주저앉은
소녀의 엉덩이는 젖지 않는 기적이라

채찍 소리 들리고
들리는 채찍 소리이니 나는
잠이나 깰까 하였는데
깨는 잠이니 나는
꿈에나 날까 하였는데

채찍 소리 들리고
들리는 채찍 소리 맞춰 뜀을 뛰는
소녀의 발장단은 가여워도 가없으니
그친 채찍 소리 위로 똬리 튼
소녀의 줄넘기는 잿밥처럼 첫눈이라

끝이라는 이름의 끗

1

여자는 지붕 위를 걷는다고 그가 말했다
빨랫줄 위에 펄럭이는 태극기려니 내가 말했다
잠옷에 아슬아슬한 하이힐이라고 그가 말했다
하이힐로 정상 오른다는 책이려니 내가 말했다
어둠 속에 반짝 별로 빛났다고 그가 말했다
피우다 던진 담배꽁초려니 내가 말했다

우리는 맴돌았고, 우리는 성가셨고,
우리는 불 꺼진 램프처럼 차가웠고,
우리는 각자의 과도로 사과를 푹 찔렀고,
달콤한 과즙은 저 혼자의 혀로 핥기 바빴으니
모두 잃은 내깃돈, 이것이 우리의 마음

2

더는 끝과 끊을 헷갈리지 않게 되자 끗을 만난다
끝이 끊어지는 것이듯 잘린 머리카락일 때
끗은 끈이듯 비명을 이어 붙인 동아줄이라
시방 겨오르고 있는 나 말고의 호랑이들로
울리는 모든 종소리는 그렇게도 불이다
보았는가,
불똥은 솟고 불똥은 튀고 불똥은 옮아 붙어
우물은 앉은뱅이책상처럼 더 바싹 엎드리는데
서랍을 뒤지는 자, 손안 가득 볼트와 너트라니!

나는 헐렁했고 나는 풀어졌으나
나는 고무줄 바지였고 나는 리본 끈이라
공처럼 둥글게 만 유연한 등으로 나는 높이다
패가 섞이고 패가 나뉘고 패가 던져지는 화투판에서
나는 버려야 할 때가 언제인지
알고 죽는 이의 뒷모습이 얼마나 아름다운가,

남은 패 한 장의 끗발로 말미암아 비로소 안다
그래 봤자 본전치기, 이것이 우리의 간과

제4부
뛰는 여자 위에 나는 詩

그녀가 처음, 느끼기 시작했다

천안역이었다
연착된 막차를 홀로 기다리고 있을 때였다
어디선가 톡톡 이 죽이는 소리가 들렸다
플랫폼 위에서 한 노숙자가 발톱을 깎고 있었다
해진 군용 점퍼 그 아래로는 팬티 바람이었다
가랑이 새로 굽슬 삐져나온 털이 더럽게도 까맸다
아가씨, 나 삼백 원만 너무 추워서 그래
육백 원짜리 네스카페를 뽑아 그 앞에 놓았다
이거 말고 자판기 커피 말이야 거 달달한 거
삼백 원짜리 밀크 커피를 뽑아 그 앞에 놓았다
서울행 열차가 10분 더 연착될 예정이라는 문구가
전광판 속에서 빠르게 흘러갔다 **천안두리인력파출소
안내시스템 여성부 대표전화 041-566-1989**
순간 다급하게 펜을 찾는 손이 있어
코트 주머니를 뒤적거리는데
게서 따뜻한 커피 캔이 만져졌다
기다리지 않아도 봄이 온다던 그 시였던가
여성부를 이성부로 읽던 밤이었다

피해라는 이름의 해피

만난 첫날부터 결혼하자던 한 남자에게
꼭 한 달 만에 차였다
헤어지자며 남자는 그랬다

너 그때 버스 터미널 지나오며 뭐라고 했지?
버스들이 밤이 되니 다 잠자러 오네 그랬어요
너 일부러 순진한 척한 거지, 시 쓴답시고?
그런 게 시였어요? 몰랐는데요

너 그때 「두사부일체」 보면서 한 번도 안 웃었지?
웃겨야 웃는데 한 번도 안 웃겨서 그랬어요
너 일부러 잘난 척한 거지, 시 쓴답시고?
그런 게 시였어요? 몰랐는데요

너 그때 도미회 장식했던 장미꽃 다 씹어 먹었지?
싱싱하니 내버리기 아까워서 그랬어요
너 일부러 이상한 척한 거지, 시 쓴답시고?
그런 게 시였어요? 몰랐는데요

진정한 시의 달인 여기 계신 줄
예전엔 미처 몰랐으므로 몰라 봬서
죄송합니다, 사연 끝에 정중히
號 하나 달아드리니 son of a bitch

사전은 좀 찾아보셨나요? 누가 볼까
가래침으로 단단히 풀칠한 편지
남자는 뜯고 개자식은 물로 헹굴 때
비로소 나는 악마와 천사 놀이를 한다,
이 풍경의 한순간을 시 쓴답시고

어느 날 가리노래방을 지날 때

 '앙서점'이나 '님짜장'*처럼 글자 하나 툭 떨어진 의외의 간판으로 마음 쿵 하는 경우야 참 흔하다지만 그래도 발견하는 재미 꽤 쏠쏠하여 길 가다 우뚝 멈춰 설 때가 있지 대낮이라 더 깜깜한 거기 그 가리, 가리노래방 아래 나는 서 있었고 그건 배호나 고복수를 불러젖힐 때의 아버지처럼 비장을 건드리는 것이어서 나는 씁쓸과 쓸쓸 사이에서 적확이나 가늠하는데

 그때 들리는가, 모래바람이 인다고 했지 모래 알갱이도 잘근잘근 씹힌다고 예가 사막인가 신발 벗으니 모래 발도 탈탈 털린다고 누군가는 말하였고 어떤 분은 말씀하셨는데 그게 무슨 멍게 여드름 짜는 소리래요 닭살이나 긁는 나는 뱀살이나 비비는 나는 모래도 아니고 모래라니까 매일 아침 이 거리를 조깅하는 아가씨의 발목에 찬 모래주머니라도 찢어볼 요량으로 칼이 좋을까 모종삽이 좋을까 펜을 고르는 재미로다 詩라 하였는데

 그건 아니라 하고 그건 틀렸다 하고 초 없이도 굳

은 심지를 토하는 그분께선 부르면 답이요 받아 적으면 詩라 하였는데 초인이신가 만주 벌판에서 말 타고 오신 선구자신가 농담인데 장난도 인생인데 왜 버럭 성은 내고 그러실까 이런 데서 화내시면 얼어 죽는다는 노래나 아실랑가 내 썰렁함의 전언은 바라건대 유머 일번지의 최양락처럼 안 괜찮아도 괜찮아유 하는 것일진대 목도리는 왜 겹겹으로 싸고 그러실까 가리하면 오리도 있지 않을라나 내 썰렁함의 두번째 전언은 바라건대 일밤의 김정렬처럼 안 당당해도 숭구리당당으로 힘없으면 다리 풀면 될 것일진대 이빨은 왜 앙다물고 그러실까

 '용'이라는 붉은 간판 이고 나오시는 주인아저씨는 '가리'와 '용가리' 사이에서 아슬아슬 시소를 타는 우리들의 詩를 알까나 모를까나 어쨌거나 우리들의 詩는 오늘도 우리들의 오버로만 돌고 돌아 빙고!

  * '앙서점'은 유강희 시인, '님짜장'은 이규리 시인의 시 제목에서 빌려옴.

정현종탁구교실

　정현종 시집 읽기를 숙제로 내주고 정현종 시집을 잃어버린 내가 수업 직전 네이버 검색창에다 정현종, 이름 석 자를 쳐본 것은 2006년 5월의 어느 날, 키 169cm 체중 64kg이라는 자료는 대체 누가 올린 걸까 싶으면서도 나는 내 키에다 1cm 내 체중에다 8kg을 더한 시인의 그림자를 가늠하는 재미로다 어디에나 쩍쩍 잘도 붙는 밀가루 반죽을 손에 쥐고 시로구나 시인입네 주무르게 되었는데 그때 막 굴러오는 희뿌연 공 하나를 보았는데 오는가 싶게 굴러가는 희뿌연 공 하나를 찾다 나는 경상남도 진주시 상봉동 1096-1 정현종탁구교실 문을 두드려 라켓도 하나 빌리게 되었는데 그건 탁구공이 아니라 하고 그건 CF의 한 장면처럼 튀어 오르는 우유 방울도 아니라 하고 그럼 뭐냐는 질문에 그건 매끈한 탄력 기막힌 탄성 같은 거라니 서브 좋은 서버들의 집중타를 나는 기분 좋게 맞아야만 했는데 진부한 나의 라켓이여 안녕, 식상한 나의 바스켓도 굿 바이, 해서 나는 경상남도 진주시 상봉동 910-6 또오리반점 주방에서 내다 버린 양파망으로다 공아, 아나 줄게 공아, 공이나 쫓기 바빴는데 때린들 어떠하리 맞은들 어떠하리 탁구공이 아닌 것이 우유 방울도 아닌 것이 무차별적인 스매싱을 감행하자 계속되는 랠리 속에 내 양파망은 밑이 터진 것이냐 뻥, 뻥, 뻥이오 텅 빈 양파망에서 튀겨져 나오는 뻥튀기나 먹는 나는 뻥튀기 낀 잇속이나 쑤시면서 다만 골똘해지는데 손에 꼭 쥔 이것은 떨어져도 튀는 공이니 김민정철학관이나 김민정머리방처럼 개나 소나 하게 잡스러운 내 간판은 머잖아 또 깨질 이름이니 부모여, 부디 이제 더는 시인 김민정에 기대를 마오

뛰는 여자 위에 나는 詩

축지법과 비행술

　합정동에 이런 간판을 단 학원이 있다 3층 VIP 노래연습장 위층이다 『축지비행술』이란 교재는 꽤 비싸서 26,000원 원장님이 시인이라는 데 앞니 두 대 건다

제2회 정순왕후선발대회 왕비 3학년 문유니

　풍문여자고등학교를 지나는데 교문 위에 플래카드가 이랬다 열일곱에 단명한 단종의 아내로 육십여 년간 과부로 살았던 정순왕후의 제1조건은 충절과 절개였다 2009년용 정순왕후는 달랐다 연기력을 겸비한 용모단정한 자, 왕비 역할 수행 가능자, 장기 기능 소유자 오백여 년 전에 죽은 왕이라도 취향은 변하는 게 당연할 터, 내년에도 종로구 문화관광협의회 長님은 말씀하시겠지 왕비가 되고 싶어? 왕비가 되고 싶으면 연락해!

나는 이 세상에 없는 계모다

　『나는 이 세상에 없는 계절이다』라는 시집을 학생

들과 함께 읽었다 편집기술론 수업 시간이었다 기말고사 과제로 한 학생이 신 패션 트렌드 보고서를 제출했다「나는 이 세상에 없는 계집이다」라는 제목이었다 막상 선 자리에 나가 보니 아들 하나를 둔 개띠 남자의 인상이 그다지 나쁘지만은 않았다 계, 계, 계 자로 시작되는 단어를 넣어보자는 패러디 놀이 속에 내가 살짝 계모에서 뜸을 들이자 빤히 나를 쳐다보는 학생들이 있었다 계란이나 계륵에서 멈출 줄 모르는 게 이렇듯 내 꿍꿍이의 전모다

대하도 대하지만 詩도 詩다
상수동 단골 횟집에서였다 대하가 한철이었다 프라이팬 위에 소금이 솜이불처럼 두텁게 깔렸고, 쿠킹포일 위에 대하가 놓였다 어제까지는 그랬다 오늘도 상수동 단골 횟집이다 대하는 여전히 한철이다 프라이팬 위에 소금이 솜이불처럼 두텁게 깔리고, 쿠킹포일 위에 대하가 놓이는데 어제와는 다르게 소금 이불 속속들이 메추리알이다 적절한 간으로 잘잘 구워

지는 메추리알을 살살 까먹는 재미, 이를 일컬어 알 먹고 대하 먹고라고 한다면 남은 건 똥 쌀 일뿐이겠지만 버려지는 소금이 어제보다 덜 짠 소금기라고 한다면 다분히 똥 쌀 일만 남은 것은 아니라서 나는 얇게 저민 마늘을 잔뜩 올려 바싹 구워보는 것이다 이를테면 마늘 훈기 쐰 대하구이, 메뉴판에 new로 등재될 때의 이야기랄까

예상 밖의 효과

한겨울에 강원도의 아이들이
북어를 가지고 칼싸움을 한다
소리가 제법 칼이다
그렇게 믿고 또 휘두른다
칼에게 칼날이 전부이듯
북어에게 최선은 몸통이다
국으로 끓여 아침 식탁에 올리면
몸 푼 동생이 가장도 아니면서
가장처럼 먼저 한술 뜨는 이유,
젖 도니까

한밤의 숨바꼭질

비비탄 한 알 콕 박히는 눈이었지
함께 입주하는 잠망경이 있었고
그로부터 보호 관찰되는 당신들
가늠쇠 너머 또 하나의 눈을 좇을 때
비로소 우리는 발병으로 거룩해지지
약봉지에 습하니 침이 번질 때
그리하여 우리의 이름이 선명해지듯

콜!

예컨대
미용실 옆자리에 앉은 여대생이
가수 현미처럼 파마해주세요라고 주문할 때

예컨대
택시를 타고 남가좌동 명지대를 가는데
서울31바9896남진우 기사 이름이 하필 그럴 때

예컨대
베이징 올림픽 남자 핸드볼 경기에서 해설자가
조치효 선수 참 좋지요라고 말장난을 칠 때

예컨대
쿠싱증후군에 걸린 둘째 이모 양미미 씨가
아침에 짠 스웨터를 밤에 죄다 풀며 죽어갈 때

시라는 이름의 시답지 않음

시라는 것은 가만히
있다가, 배를 잡고 고꾸라지는 찰나
그대로 돌인가
돌았나,
돈을 놓아두고 가는 여자의 치맛자락을
배은망덕 물고 늘어지는 호랑이
야, 이 호랑아!

무릇 범을 말할 참이었는데
포도송이무릇 언제 꽃 다 피고 져서
파밭일까
게서 웅크려 힘주느라
나는 오늘도 똥꼬가 젤 아프다

시는 그래, 그렇게나 기똥찬 것

하남에서 서울로 향하는 국도 위에서의 8시 5분,
출근길에 선 자동차 백미러가 한 사내를 비춘다
안심을 부르는 이름 대한민국자동차보험 삼성화재보험,
이란 고딕체의 푸른 띠가 그의 어깨에 둘러져 있다
안심을 부르는 이름 대한민국자동차보험 삼성화재보험,
이라는 고딕체의 푸른 기를 그가 흔들어대고 있다
허수아비 풍선처럼
누가 불어 세워놓은 것도 아닌데
태극기처럼
누가 펴서 매달아놓은 것도 아닌데
바람에 펄럭이는 그 기를 펄럭거리려고
새하얀 와이셔츠
그 빳빳한 오늘을 위해 설쳤을
어머니의 새벽잠

시, 시, 비, 비

 사랑해라고 고백하기에 그 자리에서 오줌을 싸버렸다 이보다 더 화끈한 대답이 또 어디 있을까 너무 좋아 뒤로 자빠지라는 얘기였는데 그는 나 보기가 역겨워 가신다면서 그 흔한 줄행랑에 바쁘셨다 내 탓이냐 네 탓이냐 서로 손가락질하는 기쁨이었다지만 우리 사랑에 시비를 가릴 수 없는 건 결국 시 때문이다 줘도 못 먹은 건 그러니까 내 잘못이 아니란 말이다

詩가 밥 먹여주다

 어느 밤 어쩌다 우리 시처럼 밥을 논하게 되었는데, 밥보다 밥그릇 사 모으는 재미로다가 나는 아직 밥이라 하였는데, 그때 한 시인 나이 예순에 난생처음 밥이라니…… 아내가 해놓고 나간 밥 차려 홀로 저녁을 먹게 된 것이 채 날 못 채운 한 달쯤이라 하였는데, 살짝 튀어나온 앞니보다 살짝 더 튀는 침으로 그 못할 짓이 참 쓸쓸이라 하였는데, 그때 한 시인이봐요 이시영 씨 난 혼자되고 32년째 혼자 밥 먹어요 내 앞에서 무슨 엄살! 소년을 다독이는 누나의 어른 됨이 거참 한 방이다 하였는데, 그 세월이면 내가 나고 자라 예 있음이라 하였는데, 생각난 김에 시인의 詩歷 40년이 되던 해에 나온 시집이나 다시금 꺼내 읽는데 "그토록 믿어왔던 시 오늘은 그만 내 일생이 되었다 살아봐야겠다"*라니…… 시인의 첫 시집인가 하였다

 * 천양희 시집 『너무 많은 입』(창비, 2005), p.125, 「시인의 말」 중에서.

어떤 절망*

 강남 신세계백화점 1층 시세이도 매장에서 여승 하나가 화장품을 고르고 있다 링클 케어 제품에 수분 마스크를 죄다 늘어놓는 것까지야 그렇다손 치더라도 자외선 차단 크림은 어찌 감당하려 그러실까 어디까지가 이마이고 어디부터가 뒤통수인지 스스로의 가늠 앞에 저 혼자 붉어진 매장 아가씨가 여승의 머리통에다 크림을 짜 발라주는데 목탁이 예 있었나 탁탁 소리 꽤나 야물어서 그 몇 번의 박자 속에 나도 헛기침 같은 웃음을 섞고 마는데 여승과 눈이 딱 마주친다 이봐요 아가씨, 혹시 이거 써봤어요? 정말 군살 빠집디까? 바디 크리에이터를 쥐고 신용카드에 5퍼센트 백화점 할인 쿠폰을 죄다 챙기는 것까지야 그렇다손 치더라도 구매 금액별로 상품권을 준다는 이벤트 행사장을 찾아 서둘러 매장을 빠져나가는 여승의 뒷내가 향이 아닌 샤넬 No.5임을 아는 순간 시인이랍시고 나도 어쭙잖은 어떤 메모 중에 놓이는데 저기 저 에스컬레이터를 타고 오르는 여승 뒤로 봉투에 봉투를 든 채 끊을 줄 모르는 수다처럼 줄을 잇는 여자

들이라니…… 곰팡이 곰팡을 반성하지 않는 것처럼
졸렬과 수치가 그들 자신을 반성하지 않는 것처럼*
김수영 아저씨, 그러고 보니 이미 44년 전 다 해먹고
토끼셨구나

*「절망」, 1965년 8월 28일로 기록된 김수영의 시.

이상은 김유정

　이상의 시를 읽고 이상의 사진을 보고 나는 이상형을 이상으로 삼는다 멋 내지 않아도 멋이 나는 남자, 이상 때문에 빌려 본 「금홍아 금홍아」란 영화에서 뜻밖에도 나는 김유정을 만난다 이 사람 유정이, 우리 천재끼리 죽어버리세 난 못 죽네 왜 못 죽는가 난 통닭 먹고 싶어 못 죽네 폐결핵으로 죽어가는 김유정이 그러고는 힘없이 이불을 당겨 쓰는데 일종의 기시감이라고 하던가, 전생이 그때인 사람처럼 곁에서 마구 슬픈 것이었다 강원도 통감자였나 알감자였나, 헤어진 애인들의 별명이 그랬던 것으로 보아 내 이상형이 이상이란 장담은 곧 농담이 될 거라며 앞서 걷는 이가 있었으니 나 모르는 내 시로 줄곧 나는 그를 따랐던 모양이다

플로렌스 그리피스 조이너*

　초콜릿색 피부에 컬러풀한 경기복, 마른 미역단 같은 머리칼에 짙은 색조 화장, 길게 이어 붙인 색색의 이미테이션 손톱으로 그녀는 관중들의 공통된 소실점이 되고 있었다. 탕 소리와 함께 총알처럼 폭발하는 그녀의 본능적인 스타트, 발산하고 발광하는 근육, 그 머리채에 휘감긴 뼈들의 유기적이면서 능수능란한 몸놀림은 소리 없이 차분했고 그래서 더더욱 힘에 넘쳤으며 고지는 순간이었다. 완벽한 어떤 조율의 증거는 저절로 터져 나오는 환한 미소······오오 축복하노라 대지여······ 무릎 꿇고 트랙 위에 입 맞추는 그녀는 오늘도 세상에서 가장 빠른 여자의 역사다.

10초 49
죽어서도 살아 있는
그녀,
詩.

*1988년 서울올림픽 3관왕. 이때 세운 100m, 200m 세계 신기록은 지금껏 깨지지 않고 있다. 1998년 심장마비로 죽었다.

|해설|

공백의 안무

김 인 환

　김민정의 두번째 시집 『그녀가 처음, 느끼기 시작했다』의 제1부 「작은 사건들」은 김민정이 쓴 '젊은 예술가의 초상'이다. 그녀의 기억 속에 있는 사람들은 그녀 자신을 포함하여 모두 어딘가 못나고 심술궂다. 인천시민회관 합창 반주를 하러 올라갔다가 파 음 하나 눌러보고 내려온 것은 신여성도 아닌 그녀에게 흰 양말에 까만 구두를 신겨 보낸 엄마 때문이었다. 학교 언니들은 까만 깔창으로 하얀 실내화 앞코를 밟아대었고, 음악 선생님은 소리를 안 낸다고 볼펜을 펜싱 하듯 입속에 쑤셔 넣었고, 교장 수녀는 본명(효임 골룸바)을 모른다고 상 타러 올라간 그녀를 쫓아 보냈고, 노래방에 갔을 때는 도우미들이 갈보라고 했다고 그녀에게 술에 젖은 새우깡을 억지로 먹였다. 그녀는 그들 모두를 타이어드(지긋지긋)하다고 생각한다.

시의 제목은 「참견쟁이 명수들」이다. 다른 모든 소녀들의 경우에도 그러하겠지만, 그녀에게 오래 남는 상처를 준 사람은 선생들이다. 이 시집에는 수학 선생과 도덕 선생과 음악 선생이 나온다. 수학 선생은 충청도 사투리가 이상해서 웃었더니 반성문을 써서 읽으라고 했고, 반성문을 읽는 중에 웃었다고 슬리퍼로 뺨을 때렸다. 그녀는 볼에 발 냄새 밸까 봐 타월로 문지르다가 화장을 하게 되었다고 익살을 떨지만, 「김정미도 아닌데 '시방' 이건 너무 하잖아요」라는 시의 주제는 우리들의 학교에 퍼져 있는 일반적인 분위기가 배려라기보다는 억압에 가깝다는 간접적인 고발이다. 이 시에서 우리는 이데올로기적 국가기구로서의 학교를 지각하는 동시에 학교다운 학교의 부재를 인식하게 된다. 현존하는 학교와 부재하는 학교를 함께 보여주는 것이 이 시집 특유의 어법이라고 할 수 있다. 「그녀의 동물은 질겨」라는 시에서는 젖는 몸과 불감증, 거식증과 방귀같이 대립되는 것들이 공존한다. 그녀는 생리대를 빨간 리본으로 묶어서 서랍 속에 쑤셔 넣는다. 해마다 성탄절이 오듯이 달마다 몸엣것이 온다. 밑을 닦은 종이를 보지 않으면 딸꾹질이 그치지 않는 것도 그녀의 동물적 특징의 하나이다. 그녀는 옷 투정을 하다가 아버지의 임종을 지키지 못했다. 그리고 그녀는 배를 사러 나왔다가 집으로 다시 돌아가지 않았다. 여기에 현실인지 상상인지 모를 사건들이 첨가된다. 한 남자가 그녀의 거웃을 씹고,

헤어진 애인이 그녀의 옷장에 불을 지른다. 세상에 욕설을 퍼부으면서도 그녀는 가족에게 말한다.

>세상 많은 여보들로
>우린 모두 일촌이니 부디,
>걱정 마 ──「그녀의 동물은 질겨」 부분

엄마는 회를 뜨다 제 손을 뜰 만큼 매사에 서투르고, 엄마를 응급실로 데리고 간 그녀는 엄마의 손을 깁느라 바쁜 의사에게 전혀 상황에 맞지 않는 말을 건넨다.「잘 알지도 못하면서」라는 제목은 엄마에게도 해당되고 딸에게도 해당된다. 그녀들은 남에게 호감을 주지 못하는 사람들이다. 그런데 자기에 대한 그들의 비호감을 느끼는 것은 다른 사람이 아니라 바로 그녀 자신이다. 비호감은 그녀의 반성 속에 있다. 친한 사람에게는 인사도 못 건네고 경멸하는 사람과는 악수를 하고 나서 느끼는 부끄러움이 보들레르의 것만은 아니다. 눈이 먼 뒤에도 화투 패를 펼친 채 졸던 할머니는 숨이 멎은 후에도 화투장을 손에 들고 있었다. 그녀는 혼자서 할머니의 패를 읽어본다. "임이 곧 근심이거늘 〔……〕 죽음이 곧 천복이거늘." 「화두냐 화투냐」는 화투가 한국의 민간사상이 된 현상을 보여준다. 일본에서 온 화투나 중국에서 온 사주나 죽기까지 붙들고 있을 수 있는 것이라면, 소위 지식인의 고급 사상보다 오히려 더 현실적인 사상이라고 해야 할 것이다.

박제가는 「뒷간에서(廁上)」란 시에서 변소에 앉아서 내다보는 봄 경치를 그려내었다.

> 담머리에 해 오르자 꽃 그림잔 짧아지고
> 담 밑엔 고물고물 개미떼 흩어지네
> 흙이 녹자 돌이 들썩, 벌레들 기어 나와
> 배밀이며 기지개에 저마다 꿈틀꿈틀
> 봄산 푸릇푸릇 봄은 가이없는데
> 하늘가에 제철 만난 한 송이 구름
> 봄바람은 산들산들 불어대고
> 풀싹들은 날마다 들쑥날쑥 뾰죽뾰죽

집 밖에 있던 변소가 집 속에 들어와 화장실이 되었다. 이제 일을 보는 사람들은 자연을 둘러보지 못하고 자신의 신체를 돌아본다. 김민정은 「별의별」이란 시에서 변소에 앉아서 변비 때문에 고통받는 한 여자를 그려내었다. "오줌이 마려워 절로 눈을 뜨는 아침"이라는 말로 미루어, 우리는 그곳이 그녀의 집 변소가 아니라는 것을 알 수 있다. 어제도 그녀는 변을 보지 못했다. 그녀를 미워하는 여자가 엿보고 있다는 생각 때문이었다. 노크에 이어 향수 냄새가 풍길 때 그녀는 숨을 죽인다. 냄새를 들키면 평생을 져야 하기 때문이다. "별 본 일 없음보다 별 본 일 있음으로" 그녀는 위풍당당해진다. 변비로 고통받는 이는 배설이 무엇보다 중요한 일이다. 변소에서 그녀는 어느 날 소년의 눈에서 빛나던 별을 생각한다. 그가 그녀를 때렸을 때 그의 눈에서는 별이 사라졌고 대신 그녀의 눈에 그 별이 와서 빛을 내었다. "오줌을 누고 밑을 닦은 휴지에 빨간 고춧가루 한 점." 그녀는 그것을 다시마 환이 조금이나마 효과가 있다는 증거라고 생각하고 자신을 위로한다. 자궁 검사를 하러 가서 레이저 제모를 권하는 여자 의사의 말을 들은 후 고속도로 휴게소 변소에서 무모증 치료 광고를 보게 된 그녀는 마르크스도 몰랐을 불평등에 경악한다(「陰毛라는 이름의 陰謀」). 스페인 피게레스에서 달리의 그림을 보고 산츠로 돌아오다 잠시 머문 역, 화장실 변기에는 오줌이 넘쳐흐르고 있었다. 흑인 남자와 백인 여자가 달리가 그 껍질을 디자인한 츄파춥스를 물고 있었다. 그들은 신문지 위에 앉아 스며드는 오줌에도 아랑곳하지 않고 어깨동무를 하고 있는데 여자의 팔에는 흐릿하게 애(愛)라는 한자 문신이 새겨져 있었다. 포옹과 오줌과 스페인과 한자가 병치되어, 단순한 묘사가 달리의 그림만큼이나 환상적인 분위기를 빚어낸다(「결국, 에는 愛」). 김민정에게는 있는 그대로의 현실이 바로 시가 된다. 그러므로 그녀는 특별히 시적인 것을 찾는 사람들을 믿지 않는다. 너나없이 고비로 달려갔다 와서 시집을 내고 산문집을 내는 것을 보고도 그녀는 낙타 타기는 상투의 극치이고 사막은 안일의 끝장이라고 비판한다. 그녀에게는 엄마가 뜯는 고비나물, 자린고비가 연상되는 굴비, 송대관의 노래 한 구절한 고비가 사막보다 더 현실적인 것들이다. 하기는 인간에게 똥과 오줌보다 더 현실적인 것이 있을 것 같지 않다. 그래서 그녀의 엄마는 배탈이 나면 변기 속 똥에 무엇이 나와 있는가를 확인하는 것인가?

현대 문명의 양상을 보여주는 징후들 가운데 하나가 매춘이다. 남자들에게 성병이란 성년의 통과제의가 되었다. 인하대학교 캠퍼스와 길 하나 건너 대각선으로 마주 보고 있던 공창가(公娼街) 옐로 하우스 안마당에 서서 그녀는 지난날을 되돌아본다. 그녀의 아버지가 입대 전날 거기서 동정을 파묻었고, 뒤를 돌아보다 엄마가 거기서 롯의 아내처럼 돌이 되었다. 문학개론 책을 떨어뜨려 하는 수 없이 아빠의 동정을 다시 캐러 간 그곳에서 그곳 언니들은 "너도 인하대 나가요지?"라고 물으며 그녀를 빈정거린다. 그 언니들은 뒷물 세숫대야를 여대생들에게 끼얹기도 했다. 길 몇 번 건너다녔을 뿐인데 40년이 지나고 끽동이란 이름마저 없어졌다. 그녀는 그곳 언니들의 가래와 땀이 사라져서 아쉽다고 생각한다. 프루스트처럼 그녀도 '잃어버린 끽동을 찾아서'를 쓰고 싶어 한다(「미혼과 마흔」).

김민정의 시는 그녀 개인의 체험이나 감정을 기록한 고백시가 아니므로 그 어떤 시를 전기적인 사실로 해명할 필

요는 없다. 그녀의 체험보다 더 많은 의미를 간직하는 잠재력이 시 속에 내재한다. 시에 등장하는 인물들은 모두 하찮고 보잘것없는 사람들이다. 그러나 우리는 그 사람들에 대하여 또 자기 자신에 대하여 차갑게 말하는 한 여자의 내적인 상태에 주목해야 한다. 우리는 말하는 사람을 시인의 인격으로 해석할 수 없다. 우리가 읽어야 하는 것은 자서전이 아니라 불협화음으로 가득한 다성적 문체이다. 시의 화자는 어떤 가면도 쓸 수 있으며 어떤 존재 방식도 취할 수 있다. 그/그녀는 도처에 살아 있고, 그/그녀가 모르는 가족은 없다. 김민정은 냉혹하게 자기 자신을 응시하면서 폐허의 주민이 자기 혼자만이 아니라는 사실을 확인한다. 60억 가운데 15억이 굶주리고 나머지 45억도 상처투성이로 연명하는 이 지구를 폐허가 아니라고 진심으로 믿는 사람이 얼마나 될까? 김민정의 시에는 어떤 비인간적 요소가 들어 있다. 연약한 정감이 얼굴을 내밀려고 하는 순간에 화학 교과서처럼 중립적인 어조가 심정의 도취를 해체한다. 폐허거나 낙원이거나, 예토이거나 정토이거나 시인에게는 가치판단을 해야 할 의무가 없다. 그녀는 인생과 사물을 질료로 삼아 화학자처럼 실험한다. 모든 실험은 위험을 동반하는 모험이다.

　김민정의 시에서는 복수가 악수가 되고 페니스가 페이스가 되고 남편이 남의 편이 된다. 그녀의 시는 이질적인 것들이 혼합되어서 형성하는 혼돈이다. 「언니라는 이름의 언짢음」은 가족 관계를 창녀 수업에 비유하였다. 언니들은 나를 펭귄, 끓는 죽, 빼빠(샌드페이퍼), 비닐봉지라고 하는데 나는 나를 초짜, 축농증, 투망, 벌집, 확성기, 두 달 기른 손톱이라고 한다.

> 엘리베이터 거울에 코딱지가 말라붙어 있더라
> 누군가 포스트잇에 갈겨 쓴 글씨
> 씨발아 너 언제 떼 먹을래?
> ──「언니라는 이름의 언짢음」 부분

그녀는 코딱지를 떼 먹으라는 것도 언니들이 시키는 짓이라고 생각한다. 오빠는 넘어진 나를 일으켜준다더니 그 손으로 나를 자빠뜨렸다. 가만히 있으면 뼈가 상한다는 구실을 붙이며 그는 나를 정액으로 소독한다. 내 몸에선 고름이 흐르고 앰뷸런스가 세 번 네 번 다섯 번 지나간다. 나는 오빠의 거짓말을 이미 알고 있다. "에그 철딱서니야 믿긴 뭘 자꾸 믿으라는 거야"(「오빠라는 이름의 오바」). 그러나 내 속에는 극성스러운 엄마가 자리를 잡는다. 나는 오빠를 돌보는 엄마다. 김민정은 엄마들의 극성을 무한대라고 부른다. 그녀에게는 "비비고 헹굴수록 선명해지는 얼룩"이 있다. 주님도 없애지 못한 그 얼룩은 13년이나 묵은 것이었다. "어느새 나는 서른이었고 미결로 종결된 신문기사 속 일찍이 방부 처리된 너는 죽어서도 순결한 열

일곱이었다 떨쳐낼 수 없는 네가 있어 또 다른 너들을 떨쳐낼 수 있는 내밀한 너와 내 협상의 테이블 위에서 먼저 사인하는 손, 있었으나 누가 뭐래도 우리는 지는 걸 이기는 병자들일 뿐이었다"(「그림과 그림자」). 내가 이기고 네가 져야 하는데 협상의 결과는 언제나 죽은 너의 승리로 끝난다. 네가 이겼다고 하더라도 지워지지 않는 얼룩 때문에 병든 것은 나만이 아니다. 진 나와 이긴 너가 풀 수 없이 얽혀 있기 때문이다. 「페니스라는 이름의 페이스」라는 시 속에도 "흔들흔들 고무줄로 몸이 묶인 예수가" 등장한다. 「솔직해집시다」에서 남자들은 사정한 후에 덜 싸맨 콘돔을 창에 던지고 하얀 침대 시트 위에 오줌을 눈다. 「남편이라는 이름의 남의 편」에서는 한 화가가 두 여자에게 전화를 건다. "베레모가 전화를 했기 때문에 그녀가 미친 여자처럼 벨을 누른다. 베레모가 전화를 했기 때문에 나는 미친년처럼 인터폰을 받는다." 베레모는 두 손으로 얼굴을 감싸 쥔 채 울고 두 여자는 베레모에게 한쪽씩 물린 젖이 된다. "우리는 이제 그렇게 됐다." 공업용 전기대패와 정원용 가위로 깎고 저며서 마네킹을 만들듯이 남녀 관계는 가학―피학적인 것이 되어 훔치고 죽이는 짓도 피하지 않게 되었다(「복수라는 이름의 악수」). 엘리엇은 이미 1922년에 폐허에서 벗어나려면 섹스하기를 예배 sacroment드리듯 해야 한다고 말했다. 그는 섹스와 종교가 거룩함을 상실했기 때문에 현대 사회가 황폐해졌다고 생각했다.

　김민정의 시에는 희망으로 건너가는 다리가 없다. 시는 불안에서 시작하여 불안으로 끝난다. 그녀의 시는 기쁨, 사랑, 조화, 절제, 쾌적함, 고귀함을 비켜간다. 장식과 여유, 보편성과 전체성은 흔적도 없다. 이해란 오직 자기 이해로서만 존재하며, 규범이 전혀 없는 것은 아니지만 그것은 오직 부재로서만 존재한다. 서울이란 도시가 범속한 만큼 그녀의 시도 범속하다. 김민정은 문학개론에서 형식이라고 소개하는 것을 자신의 척도로 인정하지 않는다. 그녀는 아름답게 울려 퍼지는 시들을 경멸하고 사건과 사물 속에 논리적 질서를 도입하여 그것들을 조작하는 관점을 증오한다. 가르치고 배울 수 있는 시들에서 비켜서서 이미 기정사실이 된 시학을 초월하여, 모호하고 격렬한 이미지들이 탈구된 의미의 기괴한 긴장 상태를 조성해놓는다. 파격과 탈격, 파편과 우연이 그녀의 시를 가득 채우고 있다. 그러나 우리는 내용의 특이한 대담성과 차분하고 정돈된 어법이 부딪치며 빚어내는 블랙 유머에도 눈을 돌려야 한다. 김민정의 시에는 질서가 없는 대신에 깊이가 있다. 그녀는 심연을 보고도 용기가 헌앙한 탐험가이다.

　이상 스타일로 성에 대해 탐험하는 것이 이 시집의 라이트 모티프들 가운데 하나이다. 「늘 그런 공식」은 이상의 시집에 끼워 넣어도 합격할 수 있는 작품이고, 구멍으로 벌어지기 위하여 살 파 먹히는 「삼차원의 커플 女」와

구멍을 메우기 위하여 젖꼭지를 팽이 삼아 돌리는 「삼차원의 커플 男」도 제목부터 이상 문체이다. 동성애를 다룬 이 두 시에는 비애가 깔려 있다. 그 비애는 감정이 아니라 존재를 갉아먹는 무처럼 시에 깔려 있다.

김민정은 섹스 모티프의 시들에서 판타지를 마음껏 활용하고 있다. "혼인 빙자로 자살한 지 오래인 애인이/삼각대를 꺼내 좀 들어달라"(「뜻하는 돌」) 하고, "그의 뒷주머니에 선물로 찔러 넣었던/오른손이" "왼손보다 양옆으로 약 3센티미터가량" 자라서 되돌아온다(「피날레」). 이미지의 파편들을 우연적인 연상으로 접합시키는 것은 김민정 시의 기조가 되는 기법이다. 김민정은 항상 부분을 전체의 위에 놓고 우연을 필연의 위에 놓는다. 하위에 있는 것을 괄호 속에 넣어두고 상위에 있는 것만 본다면, 그녀의 시는 부분의 시이고 우연의 시이다.

섹스 모티프의 시들에서 김민정은 그녀로서는 특별하다고 할 수 있을 정도로 운율과 비유에 신경을 쓰고 있다. 모두가 한국시리즈 플레이오프 1차전을 볼 때 혼자서 야생대탐험을 보면서, 약속이나 한 듯이 함께 행동하는 사람들과 약속을 못 해서 혼자 행동하는 사람의 차이를 인식한다는 「흔해빠진 레퍼토리」는 "약속을 못 했기에 우리에겐 내일이 있다"라는 용감한 선언으로 끝난다. 학교에서 배우고 성적을 받고 하는 것으로는 문학이 되지 않는다. 배운 것에서 벗어나 누구에게도 배울 수 없는 저만의 외줄기 길로 들어설 때 비로소 문학이 시작된다. 그것은 왕따 됨을 견디는 고독한 길이다. 고독을 견디는 방법의 하나로 그녀가 개발한 것이 판타지이다. 야생대탐험의 낙타가 텔레비전 바깥으로 나와서 여자의 엉덩이로 다가간다.

여자의/엉덩이께로/슬금슬금/다가서는//낙타의/꼬리를/안 돼,/끌어당기자//쌜쭉하니/웃는/낙타의/입에서/똥 냄새가/난다//너도 그처럼/도통/씻을 줄/모르는구나……//사우나/온천수는/들에 넘쳐/흐르고/보글보글/뀌어대는/물방귀로/너의 허기를/이해할 때//나는/말랑말랑한/내 젖꼭지를/물려 널/잠들게 한다//

——「흔해빠진 레퍼토리」 부분(구분선은 인용자)

낙타를 달래는 그녀의 행동이 네 음보 사설시조체로 계속되다가 문장의 끝에서 세 음보로 바뀐다. 리듬은 호흡에 맞춰 편해지는데 비유는 반대로 예리해진다. 키스는 데칼코마니라는 전사술(轉寫術)이 되고(「나비중독자」), 섹스하는 것은 빵 굽는 것이 된다(「선우일란, 빵의 비밀」). 나는 개가 되어 개 소리로 짖고, 선우일란은 아픈 개 소리로 신음하며 텔레비전 밖으로 기어 나오고, 사내는 자이로드롭에서 떨어지며 비명을 질러댄다. 섹스 장면의 묘사 가운데 느닷없이 "갓 구워낸 빵들은 땀내도 참 향긋하구나"(같은 시)라는 신선한 비유가 끼어든다. 이 비유가 섹스를 먹음직한 어떤 것으로 만든다. "化粧하거나/火葬하거나/일요일,//섹스하거나/미사 보거나/일요일//"(구분선은 인용자)과 같이 빠른 세 음보 리듬으로 진행되는 「일요일은 참으세요」에서 김민정은 결혼식과 장례식을 들러리와 영정, 스테이크와 육개장, 부케와 국화 등으로 대조해놓는다. 이 시의 "까-까-마귀"는 묶여 있는 소리와 뜻을 풀어내어, 이미지를 주는 말과 이미지를 받는 말의 개입 없이 단어 하나를 그대로 비유로 전환시킨다. "까-까"는 까마귀의 울음소리이고 "마귀"는 결혼식이 장례식과 통하고 삶이 죽음과 통한다는 사실을 통고하는 저승사자이다.

「똥꼬 베이비」라는 시의 제목은 don't go baby를 소리나는 대로 적은 것이지만 "폐색을 앓는 내 장속"과 연관되어 항문은 변비와 아이와 유아 남근을 연상하게 한다. "피터 그리너웨이 풍으로"라는 부제를 달고 있는 「할머니, 사내들, 그의 아내, 그리고 그녀의 딸」은 영화 만들기를 일종의 게임이라고 생각한 그리너웨이 감독의 「필로우 북 The Pillow Book」같이 연상 게임에 바탕을 두고 있는 작품이다. 할머니는 콩나물 장사를 해서 가족을 먹여 살렸다. 그러므로 할머니의 자식들은 콩나물의 힘으로 컸으니 콩나물과 한 식구이다. 할머니는 매일 저녁 "물 찬 조루로 똥 찬 시루를 적"신다. 콩은 자라 콩나물이 되고 자식들의 배 속에 들어가 결국은 똥이 되는 것이니, 콩나물 시루는 똥 찬 시루인 셈이다. 할머니의 자식들은 모두 어떤 여자의 사내들이다. 할머니가 낳은 사내들은 할머니가 키운 콩나물과 형제들이라고 할 수 있다. 화자는 호부호형이란 국어 문제를 풀 때에 누가 부이고 누가 형인지를 구분하지 못한다. 화자에게는 나귀 타고 장에 간 사람이 아버지인지 시루 속에 모셔져 있는 콩나물이 아버지인지 분간이 안 된다. 그녀는 "머리가 덜 찬 아버지의 대가리를 따거나 뿌리가 시들한 아버지의 아랫도리를 짓이"긴다. 엄마도 아이를 낳는다. 화자는 그것을 "똥꼬 속에서 자꾸 콩나물"을 뽑는다고 말한다. 콩나물은 가족의 영양이 되고 야무진 어머니의 손끝에서 식구들은 비만이 된다. 시는 그다지 행복해 보이지 않는 해피엔드로 끝난다.

김민정의 시는 선과 악, 진리와 허위의 구분을 초월하여 조각난 이미지들의 자기운동을 보여준다. 이미지들은 강렬한 공격력을 통해서 비루하나 어딘가 유쾌한 면이 없지 않은 이 시대의 풍경을 포착하고 있다. 우리는 시에 부재하는 것들을 찾아서 폭력이 없는 교실, 변비가 없는 몸에 대한 그녀의 희망을 읽어낼 수 있겠지만, 그것보다 더 중요한 것은 그녀의 시에서 종결될 수 없는 개방성을 체험하는 것이다. 섬뜩한 이미지들이 많이 나오지만 그녀의 시는 결코 음울하지 않다. 그녀에게 문학은 시대의 근원적인 불협화에 굴복하지 않을 수 있는 인내력을 훈련하는 것이기 때문이다. 「한밤의 숨바꼭질」은 공기총과 잠망경을 든 사람들에 의하여 보호 관찰되고 있는 중독자들의 이야기이다. 시는 혼돈과 공허의 한복판을 뚫고 넘어서서 말하는 냉혹한 사랑이다. 무슨 이유에서든 제쳐 놓여져 있는 사람들의 언어에 귀를 기울이지 않는다면 시인은 이 세상에서 자신의 자리를 찾지 못할 것이다. 몰락한 사람들은 출구가 없음에도 불구하고 꿈을 꾼다. 존재는 부적합성과 불충분성에 둘러싸여 있으므로 '시는 부정의 별명'이 아닐 수 없다고 하더라도 시인이 일방적으로 부정의 편을 들 수는 없다. 그는 중립적인 자리에서 부정과 함께 살 수 있는 방법을 찾아내야 한다. 현실이 폐허라는 것을 인식하고 그 어느 곳에서도 안락함을 기대하지 않는 것이 시의 정신이라고 할 수 있다. 그러나 폐허에 공백을 만들어 내는 여유 또한 시의 정신과 다른 것은 아닐 것이다. 김민정은 "왜 시를 쓰는가?"라는 질문에 대한 대답을 육상 선수 조이너에게서 발견하였다. "탕 소리와 함께 총알처럼 폭발하는 그녀의 본능적인 스타트, 발산하고 발광하는 근육"(「플로렌스 그리피스 조이너」). 헤밍웨이가 소설가가 아니라 권투 선수를 사표로 삼은 것처럼 김민정은 시인이 아니라 육상 선수를 모범으로 삼는다. 조이너처럼 전력으로 질주하겠다는 결의를 놓치지 않는 한 김민정은 누가 무어라고 해도 가늘게 이어져 있는 자신만의 한 가닥 길을 끝까지 포기하지 않고 걸어 나갈 수 있을 것이다.